Amélie Gräfin zu Dohna

Glaube auf dem Weg

Impulse zum Pilgern

Vandenhoeck & Ruprecht

Mit 2 Abbildungen

Bibliografische Information der Deutschen Nationalbibliothek:
Die Deutsche Nationalbibliothek verzeichnet diese Publikation in der
Deutschen Nationalbibliografie; detaillierte bibliografische Daten sind
im Internet über http://dnb.d-nb.de abrufbar.

Umschlagabbildung: © maqzet – Fotolia

Alle Bibeltexte nach: Lutherbibel, revidiert 2017,
© 2016 Deutsche Bibelgesellschaft, Stuttgart

ISBN 978-3-525-69011-6

© 2018, Vandenhoeck & Ruprecht GmbH & Co. KG,
Theaterstraße 13, D-37073 Göttingen
Vandenhoeck & Ruprecht Verlage
www.vandenhoeck-ruprecht-verlage.com
Alle Rechte vorbehalten. Das Werk und seine Teile sind urheberrechtlich
geschützt. Jede Verwertung in anderen als den gesetzlich zugelassenen Fällen
bedarf der vorherigen schriftlichen Einwilligung des Verlages.

Satz: SchwabScantechnik, Göttingen
Druck und Bindung: ⊕ Hubert & Co. BuchPartner, Göttingen

Printed in the EU

Inhalt

Wer geht pilgern? Wer nicht?! – Einführung 7

1 Pilgern – Wie geht das? Grundsätzliches 13
   1.1 Mit Abraham und Jesus auf dem Weg 13
   1.2 Der wahre Jakob 16
      Jakobus 17
      Jodokus 17
      Rochus 18
   1.3 Evangelisch und ökumenisch 18
   1.4 Weg und Ziel 21
   1.5 Pilgern und Wandern 22
   1.6 Innerer und äußerer Weg 23
   1.7 Verklagt und begnadigt 26
   1.8 Sinn und Verstand 27
   1.9 Schweigen 28
   1.10 Gesundheit 29
   1.11 Pelerine und Proviant 31
   1.12 Einsam und gemeinsam 32
   1.13 Rast und Einkehr 33
   1.14 Fragen und Antworten 36

2 Geh mit Gott! Biblische Impulse 39
   2.1 EvanGEHlisch 40
      Wüste | Psalm 63 40
      Tischgemeinschaft | Psalm 23 44
      Aufrecht | Lukas 13,10–17 49
      Dankbarkeit und Erntedank | Lukas 17,11–19 52
      Neue Sicht – Gottesdienst auf dem Weg (mit Abendmahl) |
      Markus 10,46–52 60
      Große Stille | Matthäus 8,23–27 69
      Höhenunterschiede | Lukas 19,1–9 72
      Das Leben ein Wandern | 5. Mose 2,7 78
      Gehhilfe – Ein Weg durch die Stadt | Markus 2,1–12 81
      Gefunden | Lukas 15,8–10 88
      Traumweg – Predigt im Pilgergottesdienst |
      1. Mose 28,10–22 92

   2.2 Kirchenjahr 95
      Passionsandacht zum Pilgern (mit Abendmahl) |
      Lukas 24,13–34 95
      Fußwaschung – Gründonnerstag 99
      Karfreitag – Was ist hässlich? | Jesaja 52–53 100
      Emmausweg in der Osternacht 105
      Pfingsten – Turmbau zu Babel | 1. Mose 11,1–9 108
      Pfingsten – Psalm 118 113
      Reformationstag – Das schöne Confitemini | Psalm 118 118
      Pilgerpredigt für den Altjahrsabend | Psalm 121 124
   2.3 Anlässe 129
      Taufe 129
      Geburtstagspilgern | Matthäus 28,20b 132
      Pilgern mit einem Gremium (Kirchenvorstand |
      Mitarbeitende in der Seniorenarbeit) 138
      Abendspaziergang 144
      Pilgern mit den Pilgerattributen 146
      Pilgerweg in der Kirche 149
      Impulse aus der Landschaft 152
      Stadtpilgern 154
      Kleine Liturgie für eine Pilger*innensegnung 155
      Anleitung für Alleinpilgernde (an einem Frühlingstag) 157

3 Da geht noch was! – Bausteine 161
   3.1 Vorbereitungen für mehrtägige Touren 161
      Organisation 161
      Probepilgern 162
      Packen 162
      Pilgertagebuch 163
      Rückkehr 163
   3.2 Methoden 164
      Um zu zweit zusammenzufinden 164
      Singen 165
      Körperübungen 165
   3.3 Biblische Wegworte, Gebete und Pilgersegen 168
      Biblische Wegworte zur Meditation 168
      Gebete zum Aufbruch 168
      Körpergebet 169
      Pilgersegen am Anfang 170
      Pilgergebete für unterwegs 171
      Gebet am Ende des Pilgertages 173

Literatur 175

Wer geht pilgern? Wer nicht?! – Einführung

Pilgern ist und bleibt ein Trend. Viele hatten zunächst vermutet, der Pilgerboom flaue bald wieder ab. Doch das Gegenteil ist der Fall. Nach wie vor steigt die Zahl der Pilger*innen. Aus dem Trend ist ein anhaltendes Phänomen geworden. Es hat auch Einzug in das gemeindliche Leben gehalten.

Der Tourismus ist ein Seismograph für gesellschaftliche Trends. Spirituelle Reisen und Pilgern gelten als touristische »Megatrends«, die nicht nur kurzfristige Modeerscheinungen sind, sondern mindestens die nächsten zehn Jahre überdauern werden. »Megatrends« erfreuen sich einer Beliebtheit, die über jeden Trend erhaben ist. Pilgern ist eine nachhaltige Urlaubsform – ein weiterer »Megatrend«. »Spiritueller Tourismus« ist ein Werbe- und Wirtschaftsfaktor. Schon immer siedelten sich um Pilgerzentren Wirts- und Gasthäuser an, ebenso Handwerksbetriebe wie Schuster oder Kerzenzieher sowie Händler für Pilgerbedarf. Dazu zählten von Beginn an Souvenirs wie Pilgerabzeichen und Heiligendarstellungen, die auch als Nachweis der vollbrachten Pilgerreise galten. Für den Tourismus sind die Marketingaspekte des Pilgerns von Interesse. Für die Inhalte ist er nicht zuständig. Die inhaltliche Füllung bleibt vor allem den Kirchen überlassen.

Untersucht und statistisch erfasst wird in erster Linie der Jakobsweg in Spanien. Hier zeigen sich wegen der großen Pilgerzahlen die Entwicklungen besonders deutlich. Sie gelten – mit Abstrichen in den absoluten Zahlen – auch für Pilgerwege in Deutschland.

Im Jahr 2016 wurden in Santiago de Compostela 278.232 Pilgerurkunden ausgestellt. Diese Zahl wurde bereits im Oktober

2017 überschritten.[1] 1977 waren es lediglich 31. Für das Heilige Jahr 2021 wird mit einer halben Millionen Pilger*innen gerechnet.[2] Dies sind allein die offiziellen Zahlen derer, die sich eine Pilgerurkunde, eine »Compostela«, ausstellen lassen. Die »Dunkelziffer« der Pilger*innen auf den Jakobswegen in Spanien ist noch höher. Allmählich gerät die Infrastruktur an diesem Weg an ihre Grenzen. Es werden zunehmend Ausweichwege gesucht – auch in Deutschland. Dabei geraten nicht nur Jakobswege ins Blickfeld, sondern auch neu ausgewiesene Wege.[3]

Pilger*innen – Was sind das für Typen?
Menschen, die auf dem Jakobsweg nach Santiago de Compostela pilgern, sind ein beliebter Forschungsgegenstand. Soziolog*innen, Religionswissenschaftler*innen, auch Kulturgeograph*innen und Mediziner*innen nehmen die Pilger*innen wissenschaftlich unter die Lupe und entwickeln unterschiedliche Kategorisierungen.[4]

Die Soziologen Patrick Heiser und Christian Kurrat (2012, S. 166–179; Kurrat 2015, S. 131 ff.) betrachten die biografischen Anlässe, die Menschen dazu bringen, sich auf einen Pilgerweg zu begeben. Danach unterscheiden sie fünf Typen.

Typ 1: Biografische Bilanzierung
Dieser Typus umfasst Menschen in ihrer letzten Lebensphase. Sie halten Rückschau auf ihr Leben und ziehen Bilanz. Sie wollen

---

1 Mehr Informationen auf www.jakobus-info.de/jakobuspilger/statik.htm
2 In einem Heiligen Jahr fällt der Jakobustag, der 25. Juli, auf einen Sonntag. In Santiago de Compostela wird dann ein besonderer Ablass gewährt.
3 Pilgerweg Loccum–Volkenroda, Elisabethpfad, Lutherweg (www.loccum-volkenroda.de; www.elisabethpfad.de; www.lutherweg.de), in Österreich der Weg des Buches (www.wegdesbuches.eu).
4 Die Sozialwissenschaftler Markus Gamper und Julia Reuter (2012, S. 30–47) betrachten das Phänomen eher unter touristischen Aspekten und beschreiben fünf Kategorien: Spirituelle Pilger, religiöse Pilger, Sportpilger, Spaß- und Abenteuerpilger, Urlaubspilger. Der Theologe Detlef Lienau (2012, S. 195) unterscheidet zwischen dem passivischen und dem aktivischen Typus des Pilgers und untersucht ihren jeweiligen Selbstbezug, Sozialbezug, Naturbezug, Transzendenzbezug.

für sich klären, wofür sie um Vergebung zu bitten haben. Die Anstrengungen des Weges verstehen sie möglicherweise als Buße. Was sie als wertvoll in ihrem Leben erachten, wollen sie zusammenfassen, auch schriftlich, und als Vermächtnis an ihre Nachkommen weitergeben. Ihr sozialer Bezugspunkt ist die Familie zu Hause, nicht die anderen Pilger*innen auf dem Weg.

Typ 2: Biografische Krise
Eine akute Krise veranlasst viele, sich als Pilger*innen auf den Weg zu machen: Krankheit, Scheidung, Verlust der Arbeit, Tod eines Angehörigen. Diese häufig anzutreffenden Pilger*innen brauchen Zeit und Ruhe, um das Erlebte zu verarbeiten und sich langsam wieder dem Leben zuzuwenden. Ihr Ziel ist Heilung für Körper und Seele. Sie suchen den Austausch mit anderen, die eventuell Ähnliches erlebt haben.

Typ 3: Biografische Auszeit
Gestresste Berufstätige – nach einem Burnout oder bevor es dazu kommt – erhoffen sich vom Pilgern Abstand, Entschleunigung und fragen nach dem Sinn ihres Lebens. Viele nehmen sich eine Auszeit ohne konkreten Auslöser, einfach weil viele es tun. Ihnen sind Kontakte und Gemeinschaftserfahrungen unterwegs willkommen. Sie wollen ihr seelisches Gleichgewicht und Gelassenheit finden.

Typ 4: Biografischer Übergang
Diese Pilgernden befinden sich an einem natürlichen Wendepunkt in ihrem Lebenslauf: Abitur, Berufsbeginn, wenn die Kinder aus dem Haus sind, Ruhestand. Sie brauchen Zeit, um sich von dem vergangenen Lebensabschnitt zu verabschieden und sich für das zu öffnen, was als Nächstes kommt. Der Weg hat für sie initiatorische Funktion. Sie suchen im Austausch mit anderen Pilgern Anregungen und neue Ideen für die kommende Lebensphase.

Typ 5: Biografischer Neustart
Immer mehr Menschen beschließen nach einer längeren Phase des Leidens an ihrer aktuellen Lebenssituation, ein neues Leben zu beginnen. Sie kündigen ihre Wohnung oder Arbeitsstelle,

ohne eine Perspektive auf etwas Neues. Sie warten ab, was sich auf dem Weg für sie zeigt. Manche wollen z. B. ihre Beziehung zum Partner oder zur Partnerin klären oder sie trennen sich und begeben sich mit dem Weg auf Partnersuche.

Die Charakterisierungen dieser fünf Typen helfen, die eigene Motivation für eine Pilgerreise zu klären: Welchem Typus komme ich am nächsten? Welcher ist mir am fernsten? Als Anbieter einer Pilgertour kann ich vorab bedenken, ob ich eine dieser Kategorien gezielt ansprechen möchte. Daran werden sich Streckenführung und Impulse ausrichten.

Über die beschriebene Pilgertypologie hinaus werden weitaus mehr Menschen von Pilgerangeboten angesprochen. Die Leidenschaft für das Pilgern scheint beinahe so verbreitet zu sein wie im hohen Mittelalter, nahezu unabhängig von Herkunft und Bildung, Besitz, Geschlecht, Alter, Nähe und Distanz zur Kirche.

Gut begleitet
Für Menschen in den beschriebenen biografischen (Passage-) Situationen werden gottesdienstliche Begleitung und Seelsorge von kirchlicher Seite angeboten. Viele nehmen solche Angebote in ihren Gemeinden heute aber nicht mehr wahr. Eine Pilgertour kann kirchliche Kompetenz in der Lebensbegleitung neu ins Bewusstsein heben, etwa bei einem Pilgertag mit Trauernden. Im Leid und der damit verbundenen Ohnmachtserfahrung kann allein eine gemäßigte Aktivität, wie das Gehen eines Pilgerweges, therapeutische Wirkung entfalten. Seelsorge ergibt sich beim Gehen zwanglos. Zwei Menschen, die nebeneinander gehen, müssen sich nicht anschauen. In einer Pilgergruppe kann jede*r anonym bleiben und sieht die anderen aller Voraussicht nach nie wieder. Das erleichtert es vielen Menschen, sich zu öffnen. Pilger*innen finden sich auch ohne professionelle Begleitung leicht zusammen – wie eine Selbsthilfegruppe, die sich gegenseitig berät, stärkt und motiviert.

Ein Artikel bei Spiegel Online ist überschrieben mit: »Warum Pilgern nicht peinlich ist« (Heimann 2013). Pilgern ist derzeit alles andere als peinlich. Kirche und Gottesdienst dagegen werden oft als peinlich erlebt.⁵

Diejenigen Menschen, die sich eine individuelle religiöse Mischung aus Buddhismus, Esoterik, Yoga, Meditation, Engel, Gregorianik und vielem mehr zusammenstellen, werden als »spirituelle Wanderer« bezeichnet (Gebhardt, Engelbrecht u. Bochinger 2005, S. 133–151; vgl. Lüddeckens u. Walthert 2010).⁶ Sie nehmen teilweise auch für sie nützliche oder interessante kirchliche und kirchengemeindliche Angebote wahr. Pilgerwege, besonders der spanische Jakobsweg, sind voll von ihnen.

Die von Heiser und Kurrat beschriebenen Pilgertypen neigen dazu, mit ihren Bedürfnissen im wahrsten Sinne des Wortes aus der Kirche auszuwandern. Gemeinden können ihnen mit Pilgerangeboten entgegenkommen und so zu verhindern versuchen, dass die Suchbewegung vieler Menschen auf esoterische »Abwege« führt. Stattdessen kann die Suche, der jeweiligen biografischen Situation entsprechend, seelsorgerlich und geistlich begleitend aufgenommen werden.

Pilgern hatte von Anfang an institutionenkritisches Potenzial. Die Beliebtheit der Santiagowallfahrt im Mittelalter lässt sich

---

5 Vgl. Fechtner 2015, S. 27: Es wäre »peinlich, wenn ich mit denen verwechselt würde, die ihre Religiosität kirchlich so exponiert leben wie die kleine Schar derjenigen, die sonntags zum Gottesdienst kommen.« Aber: Distanz »ist zugleich als innere Distanzierung ein Akt, sich selbst zu identifizieren, indem man sich abgrenzt.« Im Zusammenhang des Pilgerns lässt sich diese Paradoxie häufig beobachten.

6 Auch innerhalb der kirchlichen Räume tritt zunehmend der soziale Typus des »Wanderers« auf, die Sozialform individualisierter, selbstermächtigter Spiritualität. Die »›Wanderer‹ gehen von einer Pluralität gleichwertiger spiritueller Wege aus, die […] alle experimentierend erforschbar und frei kombinierbar sind. […] ›Wanderer‹ verstehen sich selbst als die ausschließlichen Herren ihrer Religion. In ihrer Haltung der Kirche gegenüber verbindet sich mit großer Souveränität eine selektive Nutzung ihnen brauchbar erscheinender Angebote mit einer Ablehnung der von ihnen als ›eng‹, ›angstmachend‹ und ›tot‹ gedeuteten traditionellen Kirchlichkeit. Workshops und Seminare bilden die flüchtigen Vergemeinschaftungsformen dieses Typs spätmoderner Spiritualität, der zwischen der Zielstrebigkeit des modernen ›Pilgers‹ und der Beliebigkeit des postmodernen ›Flaneurs‹ steht.« (Gebhardt, Engelbrecht u. Bochinger 2005, S. 133 f.)

auch damit erklären, dass sie sich der päpstlichen Kontrolle entzog – anders als die Pilgerfahrt nach Rom. Die implizite Kirchenkritik der Pilgerbewegung lohnt eine Betrachtung. Sie kann eine gemeinde-, ja kirchenentwickelnde Wirkung entfalten.

Methodisch liegt der Charme darin, dass Pilgern keine Frontalveranstaltung ist. Es ermöglicht den Teilnehmer*innen einen hohen Grad an innerer Beteiligung und den Austausch untereinander. In unterschiedlichen geistlichen und seelsorgerlichen Aus- und Fortbildungsformaten bewähren sich Pilgereinheiten.

Pilgern ist ein vielseitiges Feld auch für ehrenamtliches Engagement, besonders in der Herbergsbetreuung, Pilgerbegleitung und Wegpflege. Meist sind es Ehrenamtliche, die selbst mit dem Pilgern bedeutende Erfahrungen gemacht haben oder sich dies wünschen. Pilgern erreicht Zielgruppen, die sich sonst wenig in kirchlichen Zusammenhängen engagieren: Kirchenfernere, aber spirituell Aufgeschlossene und Suchende.

Viele Menschen erleben sich in der Komplexität ihres Alltags als überfordert und fremdbestimmt. Die gewohnten Lebensvollzüge werden durch Technisierung, Digitalisierung, Virtualisierung und Beschleunigung immer komplexer. Dagegen ermöglicht das Pilgern, sich selbst und die Umgebung unmittelbar zu erleben, sich auf die elementaren Lebensvollzüge zu beschränken. Mehr als Gehen, Trinken, Essen, Waschen und Schlafen ist nicht nötig und für viel mehr bleibt oft genug auch keine Kraft. Das entlastet und befreit dazu, sich ungewohnten Aspekten des Lebens zuzuwenden. Andererseits dürfen die Ansprüche an die inhaltliche Beschäftigung unterwegs nicht zu hoch angesetzt werden. Auch dafür ist manchmal keine Kraft vorhanden.

Ein neuer Trend im Therapie- und Coachingbereich verbindet Gesprächseinheiten mit Bewegung und Naturerleben, z. B. »Walk and Talk«, »Empathy Walk« oder »Waldbaden«. Mindstyle-Magazine, wie *der pilger*, *flow* und *slow*, nehmen das Bedürfnis auf, der komplexen Welt zu entrinnen. Sie sind jedoch meist voller Tipps und Anleitungen, was wiederum Stress auslösen kann, wenn man meint, all das befolgen zu müssen.

1 Pilgern – Wie geht das? Grundsätzliches

1.1 Mit Abraham und Jesus auf dem Weg

Bibeltexte gehen Wege. Von Abraham bis zu Jesus und seinen Aposteln sind fast alle biblischen Personen zu Fuß unterwegs. Menschliches Leben ist seit der Vertreibung aus dem Paradies unstet und vollzieht sich in der Grundspannung zwischen Fernweh und Heimweh, zwischen dem Wunsch nach Geborgenheit und nach Ungebundenheit, Beheimatet- und Fremdsein in der Welt. Kain und Abel repräsentieren als nomadischer Viehhirte und sesshafter Ackerbauer biblisch zwei Urtypen des Menschseins. Die Wallfahrtspsalmen (120–134) spiegeln die religiöse Praxis anlässlich der großen Festen wider und bieten liturgische Texte für die Menschen, die unterwegs sind. Im Alltag halten sie die Sehnsucht nach dem Heiligtum wach, nach der großen Gemeinde, nach dem Ort der Gottesbegegnung.

Die biblischen Gestalten – Abraham ist hier der Prototyp – verlassen ihre Wohlfühlzone. Sie erleben unterwegs Begegnungen, Gefahren, Wandlungen, Entdeckungen. Ihre Wege können Bibelleser*innen gedanklich mitgehen und als Deutungshilfe für die Erlebnisse auf den eigenen Wegen heranziehen.

»Folge mir nach«, sagt Jesus vielfach. Wer das tut, ist ein*e Pilger*in, noch nicht am Ziel des Weges oder des Lebens, aber auf das heilvolle Ziel ausgerichtet, orientiert. Orientierung ist die Ausrichtung nach Osten (Orient), wo die Sonne aufgeht, von wo die Wiederkunft Christi erwartet wird. In der Nachfolge Jesu sind Pilger*innen ausgerichtet auf die Himmelsrichtung des neuen, jüngsten Tages, des neuen Lebens in der unzerstörbaren Gemeinschaft mit Gott.

Mit Jesus waren zuerst seine Jünger*innen auf dem Weg. Der Theologe Gerd Theißen (1997) hat den Begriff »Wanderradikale« geprägt. Das Unterwegssein ist ein Grundmerkmal der frühen Jesusbewegung. Nach seinem Tod machen zwei Jünger Jesu auf dem Weg nach Emmaus (Lukas 24) die Erfahrung, auch weiterhin mit ihm auf dem Weg zu sein. Sie gehören nicht zum engsten Kreis der Zwölf – Kleopas und ein Namenloser, ein möglicher Platzhalter für jede*n Christ*in. Sie gehen mit dem Auferstandenen, er geht mit ihnen und bleibt zunächst unerkannt. Die beiden fragen ihn: »Bist du der einzige unter den Fremden in Jerusalem, der nicht weiß, was in diesen Tagen dort geschehen ist?« (Lukas 24,18). Für »Fremder« steht in der Vulgata, der lateinischen Übersetzung der Bibel, *peregrinus* (»*Tu solus peregrinus es in Jerusalem«).* So wird zunächst Jesus Christus selbst als »Peregrinus« verstanden, als Fremder. Er ist den Jüngern als Auferstandener fremd, in ihrer Welt nicht mehr zu Hause, unbekannt wie ein Pilger.

In der Nachfolge Jesu ist ein Mensch sein Leben lang Pilger – fremd auf der Erde, unterwegs zur himmlischen Heimat. Zu dieser ist Christus selbst der Weg (Johannes 14,6). Der Weg hat geradezu sakramentalen Charakter. Nachfolge ist mehr, als nur hinterher zu gehen. Der Weg wird gewählt und beschritten, eröffnet und zugleich geführt.

Abb. 1: Auferstehungsteppich im Kloster Lüne, © Bildarchiv A. Karstensen/A. Roth

Les pèlerins d'Emmaüs, so wird die Emmauserzählung im Französischen überschrieben: »Die Pilger von Emmaus«. In Darstellungen der Emmausszene werden Jesus und die beiden Jünger oft als Pilger dargestellt. So findet sich auf einem Relief im Kreuzgang von Santo Domingo de Silos in Spanien eine Abbildung Jesu, wie er mit Stab und Muschelabzeichen an der Pilgertasche den beiden Jüngern vorangeht und ihnen den Weg weist.

Auf dem Auferstehungsteppich im Kloster Lüne bei Lüneburg (Abb. 1) sind Jesus und die etwas kleiner gestalteten Jünger mit Hut, Mantel und Stab ebenfalls deutlich pilgernd gekennzeichnet.

Schon in der Frühzeit pilgerten Christ*innen nach Jerusalem, zunächst heimlich. Seit dem vierten Jahrhundert mit dem Ende der Christenverfolgung im Römischen Reich können Pilgerreisen offen durchgeführt werden und sind quellenmäßig fassbar. Sie wollten die authentischen Orte des Wirkens Jesu besuchen und sich in seine Geschichte hineinfühlen: das Untertauchen im Jordan, Essen im Abendmahlssaal, Beten am Ölberg und Gehen der Via Dolorosa – in der Nachahmung, *imitatio Christi*. Doch schon früh gab es an dieser Festlegung auf konkrete Orte und heilige Stätten Kritik. Auch an anderen Orten sei Christus gegenwärtig und seine Nähe im Geist erfahrbar.[7]

Der Begriff *peregrinus* leitet sich etymologisch her von einem Menschen, »der über den *ager Romanus* hinausgeht«. Er verlässt den geschützten Raum, das umfriedete Gebiet. Er begibt sich, sprachlich, kulturell und religiös in die Fremde und öffnet sich

---

7 Hieronymus (4. Jh.): »Sowohl von Jerusalem wie von Britannien aus steht der Himmel gleichermaßen offen; denn das Reich Gottes ist inwendig in euch.«; Gregor von Nyssa (4. Jh.): »[…] als ob der Heilige Geist bei den Einwohnern von Jerusalem in Fülle vorhanden sei, zu uns aber nicht herüberkommen könne?«, »Als der Herr die Auserwählten zur Verteilung des Königreichs der Himmel [Mt 25,34] rief, zählte er die Pilgerfahrt nach Jerusalem nicht zu den guten Taten. Als er die Seligpreisungen verkündete, bezog er diese Mühe nicht mit ein.«; Athanasius zu aus dem Heiligen Land zurückgekehrten Nonnen: »Ihr habt den Ort von Christi Geburt gesehen, lasst eure Seelen wiedergeboren werden.«; Augustin: »Der dich erhört, ist nicht außer dir. Gehe nicht in weite Fernen, steige nicht in die Höhe, als ob du ihn so gleichsam mit Händen greifen könntest.«; vgl. Toussaint 2008, S. 34 ff., Donner 2011, S. 14 f.

neuen Erfahrungswelten. Er hat kein Dach über dem Kopf und ist abhängig vom Wohlwollen der Menschen, denen er begegnet.

Pilger*innen können als Grenzgänger*innen bezeichnet werden. Sie gehören auf keiner Seite ganz dazu, verbinden aber gleichzeitig auch beide Seiten. Das ist eine verheißungsvolle und riskante Existenz.

Es lauern G*efahren* und bieten sich E*rfahr*ungen, wenn ich mich auf *Fahrt* begebe. Im übertragenen Sinn kann das auf das menschliche Leben insgesamt bezogen werden. »Wir haben hier keine bleibende Stadt« (Hebräer 13,14). Wir sind Fremde im Leben, unbehaust in dieser Welt, nie ganz sicher geborgen. Wir wissen nicht, was uns hinter der nächsten Wegbiegung erwartet. Wir müssen darauf vertrauen, dass der Weg gut weitergeht. Das Ziel kennen wir nicht genau, orientieren uns aber darauf hin. Christ*innen sind wanderndes Gottesvolk auf dem Weg von Gott zu Gott.

1.2 Der wahre Jakob

Drei Hauptpilgerziele gibt es im Mittelalter: Jerusalem, Rom und Santiago de Compostela. Letzteres etabliert sich erst im 9. Jahrhundert mit dem Jakobsweg als europaweit wichtiges Pilgerziel.

Neben Jakobus fungieren mehrere Heilige als Schutzpatrone der Pilger*innen, in erster Linie Jodokus und Rochus, aber auch Franz Xaver, Gertrud von Nivelles, Alexius, Petronilla sowie Quirinus von Neuss. Die Ikonographie ist bei allen ähnlich und von der des Jakobus abgeleitet. Daher können sie leicht verwechselt werden. Das Entstehen neuer Pilgerheiliger in Anlehnung an Jakobus zeigt, wie beliebt die Pilgerfahrt nach Santiago de Compostela war. In den Legenden der pilgernden Heiligen entspringen Quellen, Krankheiten müssen überstanden werden oder sie geraten in kriminelle Zusammenhänge. All das zeigt, was zum Alltag von Pilgernden gehörte: Gefahr für Leib und Leben. Sowohl die Ortsunkundigkeit der Pilger*innen als auch die Gastfreundschaft der Herbergsleute wurden missbraucht. Das ließ die Frage aufkommen, ob unter dem Pilgermantel tatsächlich der »wahre Jakob« oder »Bruder Jakob«, also ein ehrlicher Pilger, steckte.

Jakobus

Jakobus der Ältere, der Jünger Jesu, ist auf Darstellungen leicht und eindeutig an seinem Pilgerhut, der Jakobsmuschel und dem Pilgerstab erkennbar – oft auch mit Kalebasse, Pilgermantel und Pilgertasche, manchmal mit Bibel (vgl. z. B. Keller 2010). Sein Leichnam wurde nach der im 8. Jahrhundert entstandenen Legende in einem Boot in Spanien an Land gespült und in Compostela begraben. Die angebliche Wiederentdeckung seines Grabes steht im Zusammenhang mit der Reconquista, der Vertreibung der Mauren aus Spanien. Jakobus wird zum *Matamoros,* zum Maurentöter, zum Helfer der Christ*innen in wichtigen Schlachten stilisiert.

Mit dem Jakobskult und den Wallfahrten zu seinem Grab wurde der christliche Zusammenhalt in Europa gegen die Araber beschworen. Ein politischer, aber unkriegerischer Zweck verbindet sich auch im 20. Jahrhundert mit dem Jakobsweg. 1987 erklärte ihn der Europarat zur europäischen Kulturstraße, wies ihn neu aus und belebte ihn neu, um Europa zu verbinden und einen kulturellen Austausch und Begegnungen zu ermöglichen. Dieses Konzept ist aufgegangen. Seit 1993 gehört der »Pilgerweg nach Santiago de Compostela« zum UNESCO-Welterbe. Pilgern überschreitet Grenzen. Es verbindet nicht nur Nationen, sondern auch Generationen, Geschlechter, Milieus, Konfessionen und Religionen.

Jodokus

Jodokus galt im Mittelalter neben Jakobus als der Patron der Pilger*innen. Häufig werden die beiden gemeinsam verehrt. Jodokus unterscheidet sich von Jakobus in den Darstellungen durch die abgelegte Krone zu seinen Füßen. Ein Prinz, der sich dem Erbe der Königsherrschaft entziehen wollte und sich Pilger*innen anschloss. In manchen Darstellungen stößt Jodokus die Krone mit einem Stab in die Erde, aus der eine Quelle entspringt. Er wird als Einsiedler, Priester oder Pilger dargestellt.

Die Verehrung des Jodokus verbreitete sich seit dem 9. Jahrhundert entlang der Jakobswege. Möglicherweise erhielt er auch seinen Namen in Anlehnung an Jakobus.

Rochus

Rochus pilgerte Anfang des 14. Jahrhunderts von Montpellier nach Rom und pflegte unterwegs Pestkranke. Auf seiner Rückreise wurde er selbst infiziert, aber von niemandem gepflegt. Er zog in eine Holzhütte im Wald, ein Hund brachte ihm Brot, eine Quelle entsprang, um ihm Wasser zu geben, ein Engel heilte ihn.

In Kriegswirren wurde er als Spion verhaftet. Obwohl sein Onkel Stadtherr im Ort seiner Gefangenschaft war, gab Rochus die Anonymität als Pilger nicht auf und bat ihn nicht um Hilfe, sondern ertrug die Gefängnishaft bis zum Tod.

Attribute des heiligen Rochus sind eine Pestbeule am Oberschenkel, die durch den zurückgeschlagenen Pilgermantel sichtbar wird, ein Hund mit Brot im Maul, Salbenbüchse, Muschelhut und Pilgerstab sowie ein Engel.

1.3 Evangelisch und ökumenisch

Pilgern ist die Urform des religiösen Reisens. Es ist eine religionsphänomenologische Konstante. In nahezu allen Religionen gibt es ein Wallfahrtswesen.[8] Eine Pilgerfahrt wird als religiöse Pflicht verstanden, als grundsätzliche Pflicht oder zur Erfüllung eines Gelübdes. Sie ist mit Opfern für den Einzelnen verbunden, als Bußleistung, um einen Ablass zu erlangen. Diese im Hoch- und Spätmittelalter im Christentum stark ausgebaute Praxis kommt in der Reformationszeit weitgehend zum Erliegen.

---

8 Mehr Informationen z. B. zu altorientalischen Kulten und der Geschichte Israels: Aufbruch zu den Göttern (2014); zur aktuellen Praxis in den Religionen vgl. den Ausstellungskatalog »Unterwegs für's Seelenheil?! Pilgerreisen gestern und heute« (2010).

Die einschlägigen Lutherzitate zum Pilgern sind unterhaltsam. In zwei Bedeutungszusammenhängen bezieht er sich auf das Pilgern oder Wallfahren – beide Begriffe werden synonym gebraucht. Hier einige Beispiele:

> »Wahr ists, die Christen essen und trinken mit in der Welt, gebrauchen dieses Leben auf Erden, gleichwie ihr König Christus in der Welt auch mit gegessen und getrunken und dieses Leben gebraucht hat. Aber solches tun die Christen alles als Pilger und Fremdlinge und als Gäste in der Herberge, gleichwie Christus auch getan hat.« (Luther 1531, WA 34, II, 34 a)

Das Pilgern dient Luther wie hier zum einen als Bild für das Leben überhaupt, für das Unbehaustsein in der Welt.

Zum anderen nutzt er es als Negativbeispiel für Werkgerechtigkeit, besonders im Zusammenhang mit der Kritik am Ablass:

> »Nun wollen wir den allerkräftigsten Ablaßbrief sehen, der noch je auf Erden kam und noch dazu nicht um Geld verkauft, sondern jedermann umsonst gegeben (wird). Andere Lehrer legen uns die Genugtuung in den Beutel und den (Geld)kasten. Aber Christus legt sie in das Herz, daß sie nicht näher gelegt werden kann, so daß du nicht nach Rom noch nach Jerusalem noch nach St. Jakob noch hier oder dahin um Ablaß zu laufen brauchst. Der Arme kann ihn ebenso gut erwerben wie der Reiche, der Kranke wie der Gesunde, der Laie wie der Priester, der Knecht wie der Herr.« (Luther 1519, WA 2, 117 f.)[9]

> »Du solltest doch billig gern bis an der Welt Ende laufen, wenn du da eine solche Schar zu finden wüßtest, wo man Gott lobt und ehrt, und dich so zum Glied der heiligen Gesellschaft machen. Wie bist du vorher zu der Heiligen Gräber, Kleider,

---

[9] Luther konnte sich in seiner Pilgerkritik auf verschiedene Kirchenväter stützen (s. Anm. 7). Ähnliche Äußerungen finden sich auch bei anderen Reformatoren. Ironischerweise wurden Luther, Zwingli und weiteren Reformatoren zum Reformationsjubiläum Pilgerwege gewidmet.

Gebeine gelaufen? Wie ist man nach Rom, nach Jerusalem, zu St. Jakob gewallt, bloß damit man Stein, Knochen, Holz und Erde sehen möchte, und obwohl in nichts an Christus gedacht wurde? Und hier ist in deiner Stadt oder Dorf, vor deiner Tür Christus selbst mit Leib und Blut gegenwärtig, mit seinem Gedächtnis, Lob und Ehren lebendig, und du willst nicht hinzugehen und auch helfen, danken und loben? Du bist gewiß nicht ein Christ, auch nicht ein Mensch, sondern ein Teufel oder Teufelsgesinde.« (Luther 1530, WA 30, II, 605)

Seine Kritik hat mit dem Pilgern, wie es heute oft praktiziert wird, auf den ersten Blick nicht mehr viel zu tun. Pilgern ist zu einer beliebten Freizeitbeschäftigung geworden, die zunächst kaum religiösen Leistungsdruck erkennen lässt.

Mit Blick auf heutige Pilgerberichte in Film und Buch, Blog und Zeitschrift allerdings ist der Unterschied zu mittelalterlichen Mirakelberichten von Pilgerreisen manchmal gar nicht so groß. Es kann der Eindruck entstehen, als sei Pilgern eine sichere Methode zur Gotteserfahrung oder zumindest zur spirituellen, mystischen, transzendentalen Erfahrung, ja Erleuchtung. Wunderberichte, besondere Heilungserfahrungen, Selbstfindung, die wie eine Erlösung erlebt wird, werden auf einem Pilgerweg gesucht, gelegentlich auch gefunden und dokumentiert. Wenn dies als Automatismus und methodisierbar verstanden wird, ist es dem mittelalterlichen und frühneuzeitlichen Wunsch nicht so fern, Gott und das Heil durch eigenes Handeln in den Griff zu bekommen. Eine Erwartung, die auf den Pilgerwegen auch zu Enttäuschungen führt, wenn sich das spirituelle Erleben so nicht einstellt. Dass auch Gottes Abwesenheit eine wertvolle geistliche Erfahrung sein kann, wird dabei oft nicht bedacht. Positive Wirkungen des Pilgerns können sich auch langsam und unscheinbar oder erst nach einiger Zeit herausstellen.

Mittlerweile ist auch im evangelischen Bereich unumstritten, dass geistliches Leben Übung braucht (vgl. Harms 2011). Die äußeren Bedingungen sind beim Pilgern günstig: wenig Ablenkung, Ruhe, Rhythmus, Bewegung, die auch innerlich bewegt, Langsamkeit, Begleitung.

»Evangelisch« zu pilgern, kann überkonfessionell verstanden werden – als Gehen mit dem Evangelium. Das ist dann auch vollkommen im Sinne der Reformatoren. Pilgern kann damit als eine Möglichkeit genutzt werden, um geistliche Inhalte zu kommunizieren und in eine geistliche Praxis einzuführen. Biblische Texte und Glaubensthemen werden so aufbereitet, dass damit existenzielle Themen und biografische Fragen verbunden und vertieft werden können (z. B. »Mein Weg zum Glauben«).

Pilgern ist nicht nur eine niedrigschwellige, sondern fast schwellenlose Form, an kirchlichen Angeboten teilzunehmen, die auch von Kirchendistanzierten, aber spirituell Interessierten genutzt wird. Zunächst rücken dabei Einzelpersonen mit ihren sehr persönlichen Anliegen und geistlichen Erfahrungen in den Fokus, die sich aber häufig für einen Pilgerweg zusammenfinden.

Pilgern kann somit ökumenisch, ja religionsverbindend praktiziert werden. Allerdings ist die Begrifflichkeit etwas unterschiedlich. So wird im katholischen Sprachgebrauch »Pilgern« eher als Wallfahrt verstanden, als eine gemeinschaftliche Reise zu einem Wallfahrtsort – auch mit modernen Verkehrsmitteln wie Bus oder Flugzeug. Nach wie vor wird im Heiligen Jahr in Santiago de Compostela Pilgern ein sogenannter Plenarablass gewährt.

Hin und wieder wird behauptet, Evangelische pilgerten im Unterschied dazu nicht zu heiligen Stätten, für sie sei der Weg das Ziel. Das gilt es zu relativieren.

1.4 Weg und Ziel

In der Bibel spiegelt sich die Praxis, nach Jerusalem zu den hohen Festen zu pilgern, etwa in den oben erwähnten Wallfahrtspsalmen wider. Ziel ist es, sowohl den Tempel zu erreichen als auch an der Festgemeinschaft teilzuhaben.

»Ein Weg« ist physikalisch als Abstand zwischen zwei Punkten definiert, er hat also einen Anfangs- und einen Endpunkt. Dass der Weg das Ziel sei, ist buddhistische Weisheit. Beim Pilgern kommt dem Gehen und Auf-dem-Weg-Sein an sich hohe Bedeutung zu. Aber ohne ein Ziel hat der Weg keine Richtung und führt möglicherweise in die Irre.

Ein Pilgerweg hat ein geografisches Ziel – man will irgendwo ankommen oder sich zumindest einem Zielpunkt nähern – und er hat unsichtbare Ziele. Viele verbinden mit dem Gehen ein ideelles Ziel wie Selbsterkenntnis, Grenzerfahrungen, zur Ruhe kommen, den eigenen Rhythmus finden, Gemeinschaft erleben, Natur wahrnehmen, den eigenen Körper spüren und vieles mehr. Für die unsichtbaren Ziele stehen konkrete Orte wie der Berg Zion, Jerusalem, Rom, Santiago, Mekka, Telgte oder Tschenstochau. Viele Menschen »pilgern« aber auch ins Fußballstadion, ins Museum, zu Gedenkstätten. Auch dies sind mehr als nur geografische Ziele.

Geistliche Ziele für einen Pilgerweg waren und sind es noch: Buße und Genugtuung, mit Gott einen Weg zu gehen (auch in Gemeinschaft), sein Wort zu bewegen und sich von ihm bewegen zu lassen, ihm mehr Raum im eigenen Leben einzuräumen.

Zur Dynamik von Weg und Ziel gehören aber auch Umwege und sich zu verlaufen. Das sind oft anstrengende und verunsichernde Momente. Sie sind aber in ihrer Symbolkraft nicht zu unterschätzen. Es gehört zum Leben dazu, nicht immer den direkten und leichtesten Weg zu finden. Auf den ungeplanten Wegen ergeben sich manchmal die entscheidenden Entdeckungen.

Anfangs- und Endpunkt eines Pilgerweges müssen nicht heilige Gräber sein. Es sind Lebensorte, weil Menschen sich dort in Bewegung setzen oder ein erreichtes Ziel feiern. Zu Ende sind die irdischen Wege nie. Sie weisen über sich hinaus, zum Weitergehen – aber auch zum ewigen Ziel.

1.5 Pilgern und Wandern

Landläufig wird Pilgern als Wandern auf einem Pilgerweg verstanden. Die Diskussion über eine trennscharfe Unterscheidung von Pilgern und Wandern verläuft meist fruchtlos. Denn auch Wandernde können religiöse Anliegen und Erlebnisse auf ihren Wegen haben. Und auch Pilger sind manchmal nur auf ihr Gehen, das Finden des Weges oder das Erleben der Natur konzentriert. Unterscheiden lässt sich die Selbstdefinition. Diese richtet sich in erster Linie nach den Wegen, auf denen sich die Menschen bewegen. Wer den Jakobsweg geht, bezeichnet sich als Pilger*in. Das kann einerseits bedeuten, dass er wandert, aber durchaus für spirituelle Erlebnisse offen ist. Andererseits kann man auch auf Wanderwegen oder Landstraßen als Pilger*innen unterwegs sein.

Als »Pilger*innen« sind am ehesten diejenigen zu bezeichnen, die sich mit einem geistlichen Anliegen – wie weit es auch gefasst sein mag – auf einen Weg begeben. Ethische, politische Bewegungen werden insofern häufig zu Pilgerwegen erklärt (z. B. der Ökumenische Pilgerweg für Klimagerechtigkeit 2015).

Für einen Wanderweg ist eine landschaftlich reizvolle Streckenführung Grundbedingung. Pilgerwege dagegen waren ursprünglich auf ein Ziel, einen heiligen Ort, ein Heiligengrabmal ausgerichtet. Sie führen auch durch weniger schöne Gegenden, da das Ziel und nicht der Weg entscheidend war. Jakobswege orientieren sich an dieser historischen Wegführung, die oft entlang der Handelswege, heute unter Umständen Autobahnen, verliefen. Es kann eine – auch geistliche – Übung sein, neben einer stark befahrenen Straße zu gehen und innerlich still zu werden und bei äußerem Lärm und Unruhe im Gebet zu bleiben.

Weil das Pilgern so populär ist, findet der Begriff des »Pilgerweges« häufig Anwendung. Stattdessen könnte auch von einem geistlichen Spaziergang, Besinnungsweg oder Themenweg gesprochen werden. Viele neue solcher Wege entstehen, ebenso Fahrradpilgerwege oder Stadtpilgerwege. Auch kommerzielle Anbieter wie Tourismusverbände, Hotels und Kurkliniken nutzen die Werbewirkung des Pilgerns und legen eigene Wege an.

1.6 Innerer und äußerer Weg

Gehen ist eine rhythmische, organische Bewegung. Es lässt sich mit fast allen Altersgruppen üben – von Kindergartenkindern bis zu Hochbetagten. Beim Gehen ist der ganze Mensch unterwegs.

Sein äußerer Weg unterstützt die innere, geistliche Reise. So lässt sich auch im Sitzen und in Gedanken in diesem Sinn ein Pilgerweg beschreiten (Slenczka 2013, S 21–28).

Beim Pilgern geht es nicht in erster Linie um Leistung, auch wenn die körperliche Anstrengung eine wichtige Erfahrung sein kann. Selten kommen wir in unserem Alltag an unsere körperlichen Grenzen. Insofern können das Durchhalten auf einer Tagesetappe, das Ertragen von Schmerzen an den Füßen oder im Rücken, Muskelkater und Blasen eine segensreiche Erfahrung sein. Manche spüren dabei ihren Körper überhaupt erst wieder und damit sich selbst. Angeleitete Körper- und Atemübungen auf dem Weg können für diese Wahrnehmung sensibilisieren und helfen, Anspannungen zu lösen.

Tagesetappen von ca. 20 Kilometern sind für die meisten Pilger*innen zu schaffen. Bei einer mehrtägigen Pilgerreise kann zwischendurch ein Tag Pause oder eine kürzere Etappe der Erholung und Reflexion dienen. Auch das kann für manche eine schwierige körperliche, geistige wie geistliche Übung sein.

Beim Gehen kommt der Mensch in Fluss *(flow)* in einen Einklang von Körper und Seele, dem Einssein mit sich. Das Gefühl, nicht mehr aktiv gehen zu müssen, sondern gegangen zu werden, kann entstehen. Im Inneren gerät etwas in Bewegung. Manchmal fließen Tränen. Die Begriffe Wandern und Wandel hängen etymologisch zusammen. Beim Wandern wandelt sich die Umgebung und damit häufig auch etwas im Innern des Menschen.

Gehen ist elementarer Bestandteil unseres täglichen Lebens. Das spiegelt sich in der Bibel, im Gesangbuch und Volksliedgut oder in der Literatur wider. Pilgern ist ein Bild für das Leben überhaupt, denn Menschen sind unterwegs, so lange sie leben.

Pilgern lässt die körperliche Dimension von Glaubensvollzügen zu ihrem Recht kommen. Damit wird ein spezieller Zugang zu Spiritualität angesprochen, der bei anderen kirchlichen Angeboten oft zu kurz kommt. Unterschiedliche Formen von spiritueller Übung sprechen unterschiedliche Menschen oder eine Person in unterschiedlichen Situationen an. Bewegungstypen können sich in der freien und bewegten Form von Spiritualität beim Pilgern wiederfinden und einbringen. Ein Grund, warum verhältnismäßig viele Männer pilgern.

Aus der umfangreichen Literatur zum Pilgern und aus vielfältigen Pilgerberichten gewinnen manche ihre Vorstellungen von der spirituellen Dimension des Pilgerns oder des Weges, die nicht selten als esoterisch zu bezeichnen sind. Davon inspiriert, legen sie sich im Vorhinein Deutungskategorien zu, die sich dann häufig auch für sie bewähren. Sie erleben, was sie in spiritueller Hinsicht erwarten. Übersinnliche Erlebnisse werden für möglich gehalten und ersehnt. Enttäuschungen sind vorprogrammiert, wenn sich kein solches Erlebnis einstellt. Diese gilt es, seelsorgerlich aufzunehmen und tragfähige Formen spiritueller Weggestaltung anzubieten.

Pilgertouren können als Wegexerzitien gestaltet werden. Vielfältige Formen spiritueller Übungen lassen sich mit dem Pilgern verbinden, z. B. Schweigen oder Zweiergespräche zu bestimmten Fragestellungen. Mit dem Rhythmus von Schritt und Atmung können einfache meditative Übungen kombiniert werden. Eine alte christliche Tradition hierfür ist das Herzensgebet. Beim Pilgern kann es gut erlernt und eingeübt werden. Auch das Wiederholen, Auswendiglernen und Aufsagen eines Bibelverses, das Singen einfacher Liedrufe, Kanons und Taizélieder bieten sich beim Gehen an. Dadurch wird auch die Gemeinschaft auf eine intensive Weise erlebt. Tagzeitengebete sind eine verbreitete Form, den Pilgertag mit geistlichen Inhalten zu strukturieren. Es bieten sich kurze, liturgisch geprägte Texte für die Anfangs- und Schlussandacht und für das Mittagsgebet an. Auch freie Gebete sind eindrücklich und passen zur Situation unter freiem Himmel oder einer spontanen Andacht in einer Kirche. Für geübte Gruppen kann es ausreichen, am Morgen eines Pilgertages einen Impuls zu geben und sich am Mittag oder auch erst am Abend in der Herberge wiederzutreffen. Auf dem Weg kann jede*r für sich schweigend über den Impuls nachdenken und den eigenen Weg finden. Von den in Kapitel 2 folgenden Entwürfen kann dafür ein einzelner Impuls ausgewählt werden. Eine biblische Geschichte kann gegebenenfalls den Leitfaden für eine ganze Woche bilden.

1.7 Verklagt und begnadigt

Bibeltexte folgen häufig einer Dynamik von Krankheit und Heilung, Schuld und Vergebung, Not und Befreiung. Die Begegnung mit Jesus führt Menschen aus der Einsamkeit zum Angenommensein, vom Verblendetsein zur Erkenntnis, aus der Not zum Wunder, vom Zweifel zum Vertrauen.

Der ersten Hälfte dieser Bewegungen wird meist wenig Beachtung geschenkt. Dadurch wird die Lösung des Konflikts nicht als so befreiend miterlebt. Das ist weder theologisch noch psychologisch angemessen, weder dem Evangelium noch den Menschen gegenüber.

Beim Pilgern bleibt Zeit und Ruhe, sich im Gehen der ganzen Dramatik der Geschichten zu stellen. Auf dem Weg kann die Stille Gelegenheit zur Selbsterkenntnis und auch zur Reue geben.[10] Eine intensive geistliche Begleitung kann hier gefragt sein. Wichtig ist, dass die Pilger*innen nicht an diesem Punkt stehen bleiben, sondern auch auf persönliche und existenzielle Weise die frohe Botschaft hören und für sich annehmen können.

Diese Bewegung lässt sich mit dem Wegerleben verbinden, indem entsprechende Impulse mit der Wegbeschaffenheit und der Umgebung verknüpft werden, mit anstrengenden Wegpartien, Ausblicken, Wasser und vielem mehr.

Auf reformationszeitlichen Lehrbildern, besonders bei Lucas Cranach d. Ä., ist die Bewegung vom Gesetz zur Gnade als Weg dargestellt. Dieser verläuft von links nach rechts, von Tod und Gesetz zum Kreuz und zur Auferstehung. Das ist schematisch und plakativ aufgefasst. Aber auch für heutige Pilger*innen kann es hilfreich sein, um zu erkennen, dass dieser Weg immer wieder neu zu bewältigen ist und neu eröffnet wird: sich in anklagenden und verzweifelten Gedanken gefangen an Gott zu wenden mit der Bitte um Befreiung des Herzens. Pilgernde können das auf dem Weg ganz unmittelbar erleben. Sie sind hinausgeführt ins Freie.

---

10 Dass manche Menschen dies bewusst beim Pilgern suchen, zeigt der Pilgertyp 1 nach Kurrat (2012, S. 166–179).

1.8 Sinn und Verstand

Unsere Umwelt überflutet uns mit Sinnesreizen und überfordert uns damit oft. Wir können gar nicht alles verarbeiten, was auf uns an Geräuschen, Lichtreizen, Informationen und Geschwindigkeit einströmt. Deshalb blenden wir manches aus, unsere Reizschwelle erhöht sich. Beim Pilgern in der Natur werden die Sinne dagegen nicht überfordert, sondern können geschärft werden. Pilger*innen können sich »sensibilisieren«, aufmerksam werden, genau wahrnehmen und das genießen. Es kann sie außerdem achtsam machen für Details in den biblischen Texten. Welche Sinne werden dort angesprochen? Wenn von außen weniger Reize eindringen, können Wegimpulse durch genaue Wahrnehmung besonderer Merkmale in der Landschaft oder der Umgebung unterstützt werden: Ein Hügel, eine Mauer, ein Fluss, ein steiniger oder steiler Weg, Wind oder Sonne, ein Geräusch oder Geruch können Grundlage der Meditation werden.

Und: »Sinn« ist nicht nur die Fähigkeit zur Wahrnehmung oder ein sensorisches Organ, sondern auch der Wert, die Bedeutung, die dem Leben zugeschrieben wird. Pilgernde haben ein Bewusstsein dafür, was ihrem Leben keinen Sinn gibt: Konsum, Erfolg, Karriere, Besitz, Status. Aus der sogenannten hedonistischen Tretmühle *(hedonic treadmill)* scheint es kein Entrinnen zu geben (vgl. Binswanger 2012). Das subjektive Glücksempfinden steigt nicht anhaltend. Wenn ein Wunsch erfüllt ist, ergeben sich daraus schnell Unzufriedenheit und neue Wünsche. Es bedarf immer der Steigerung. Aus dieser Tretmühle steigen Pilger*innen zumindest für die Zeit aus, die sie unterwegs sind. Sie verlangsamen ihr Lebenstempo, vereinfachen ihren Alltag, reduzieren Reize, Konsum, Informationsaufnahme sowie mediale oder direkte oberflächliche Kommunikation. Sie erleben neu, was wirklich lebensnotwendig ist und ihnen guttut.

Menschen suchen vielfach nach Kontrasterfahrungen zu ihrem Alltag, der ihnen des Öfteren sinnentleert vorkommt. Sie suchen Langsamkeit statt Beschleunigung, Selbstbestimmtheit statt der Fremdbestimmtheit in ihrer Arbeitswelt, Ruhe statt Dauerbeschallung, Einfachheit statt undurchschaubarer Strukturen, Echtheit statt Virtualität, Natur- und Körpererleben, Alleinsein und Gemeinschaft, ein Mysterium in einer entzauberten Welt. Sie suchen bewährte Rituale oder entwickeln eigene, neue. Dabei erleben sie die Spannung zwischen gemeinschaftlich geteilten Traditionen und ihrer persönlichen Aneignung. All das können sie genießen, aber es fordert sie gleichzeitig heraus, da es sich um ungewohnte Lebensvollzüge handelt.

1.9 Schweigen

In der Alltags- und Arbeitswelt ist Stille selten. Sie ist zu einem besonders wertvollen, aber auch ungewohnten Erlebnis geworden. Viele benötigen Anleitung und Begleitung, um in sie hineinzufinden.

Tiefgreifende Erfahrungen machen Pilgernde im Schweigen. Schweigen ist mehr, als nur nicht zu reden. Es ist die bewusste Stille. Besonders intensiv wird das Schweigen, wenn ich es in einer Gruppe übe. Beim gemeinsamen Schweigen kann zunächst eine Befangenheit entstehen. Jugendliche fangen dann nicht selten an, zu kichern. Es ist ungewohnt, schweigend nebeneinander herzugehen. Wenn aber in einer Gruppe eine klare Abmachung getroffen wurde, kann sich im Schweigen ein starkes Erleben einstellen. Die Sinne werden geschärft, die gegenseitige Aufmerksamkeit steigt. Es entsteht eine neue, nonverbale Form der Kommunikation miteinander, die besonders sprechend und intensiv sein kann. Das Schweigen wird von der Gruppe getragen, der/die Einzelne ist darin aufgehoben. Alle sind in Stille miteinander verbunden und zugleich ist jede Person für sich und mit sich beschäftigt.

Wenn es außen still wird, kann es im Innern sehr laut werden. Dann kommen Gedanken, Gefühle und Erinnerungen an die Oberfläche, die bis dahin übertönt wurden. Viele möchten sofort nach außen kommunizieren, was ihnen im Schweigen begegnet ist. Dahinter kann der Wunsch stehen, nicht noch mehr hochkommen zu lassen. Jedoch lohnt es sich, das Schweigen für längere Zeit durchzuhalten. Dann kann mehr mit dem passieren, was aufgetaucht ist, es kann sich entwickeln. In der Bewegung kommt es in Bewegung.

Für Gruppenleiter*innen sind Schweigephasen eine besondere Herausforderung, denn sie geben damit Kontrolle auf. Sie können anbieten, während des Schweigens ansprechbar zu sein: für diejenigen, die das Schweigen nicht aushalten oder mit den Emotionen, die sich zeigen, nicht allein zurechtkommen. Die Gruppenleiter*innen leiten die Stille ein, tragen sie mit und beenden sie. Letzteres gelingt gut mit einem gemeinsamen Lied. Die auf das Schweigen folgenden Gespräche sind meist besonders tiefgehend und sollten mit einem guten Impuls eingeleitet werden, um diesen Moment fruchtbar werden zu lassen.

1.10 Gesundheit

Wer sich bewegt, ist lebendig. Wenn sich bei einem Menschen nichts mehr bewegt, ist er tot.

Mobilität ist eines der prägenden Charakteristika unserer Zeit. Die Menschen sind ständig in Bewegung. Allerdings bewegen sie sich häufig nicht selbst, sondern lassen sich bewegen – mit technischen Hilfsmitteln wie Rolltreppen, Fahrstühlen bis hin zu Flugzeugen und Weltraumkapseln. Dieses Erleben muss sowohl körperlich als auch seelisch verarbeitet werden. Die Seele geht zu Fuß, so lautet ein Sprichwort. Viele spüren die elementaren Bewegungen des Lebens nicht mehr richtig. Sie sind mit der Beschleunigung aller Lebensbereiche überfordert. Das kann erschöpfen und krank machen. Hinzukommt, dass die Wirklichkeit in höherem Maße durch Medien wie Fernsehen und Internet vermittelt wird und dadurch nicht mehr unmittelbar erlebt wird.

In den letzten Jahrzehnten hat sich jedoch ein Gegentrend herausgebildet. Das unmittelbare, körperlich und seelisch an den Menschen angepasste Wirklichkeitsverhältnis rückt stärker in den Fokus. Dazu trägt ein zunehmendes ökologisches Bewusstsein bei, die Sharing Economy, die Slow-Bewegung, neue Langsamkeit, Auszeiten gegen Burnout oder spiritueller Tourismus.

Gehen sei die beste Medizin, sagte Hippokrates. Pilgern ist, wie auch Wandern, eine dem menschlichen Körper entsprechende Form der Fortbewegung. Es dient auf sanfte Weise der körperlichen Ertüchtigung. Zur Prävention von Zivilisationskrankheiten wird die gleichmäßige Bewegung ohne Leistungsdruck im Freien empfohlen. Dabei vertieft sich die Atmung, der Blutdruck und Cholesterinspiegel sinkt, die Gelenke werden schonend bewegt, der ganze Körper ist im Einsatz. Durch eine kontinuierliche und rhythmische Bewegung kann ein sogenannter »Flow« entstehen, das Aufgehen in der Bewegung. Sie hat positive Auswirkungen auf die Psyche, ist als wirksame Demenzprophylaxe erwiesen, therapeutisch bewährt, etwa in der Nachsorge von Brustkrebspatientinnen (vgl. z. B. Baumann 2009).

Herausgenommen zu sein aus den Vollzügen und Anforderungen des Alltags, kann seelisch entlasten. So bewährt sich Pilgern bei Burnout oder in der Trauerbewältigung. Die Reizarmut der Umgebung wirkt beruhigend. Auf Medienkonsum zu verzichten, für manche zunächst schwierig, ist eine heilsame Übung. Auch der gemeinschaftliche Aspekt, wenn man in einer Gruppe geht, ist für viele eine seltene und stärkende Erfahrung. Fitnessprogramme dagegen setzen viele Menschen unter einen Leistungsdruck, der den Körper funktionalisiert und wiederum gesundheitsgefährdend werden kann. Sich regelmäßig und moderat zu bewegen, bewirkt unter Umständen mehr. Anstrengung und das Gefühl, körperlich etwas zu schaffen, sind auch beim Gehen wesentlich. Für Pilger*innen verlangsamt sich das Leben, sie werden aber nicht inaktiv. »Wenn Beschleunigung das Problem ist, dann ist Resonanz vielleicht die Lösung. […] Die Lösung heißt nicht Entschleunigung.« (Rosa 2016, S. 13)

Neben der körperlichen bietet das Pilgern Raum für eine geistige und geistliche Betätigung. Die Bewegung ist so dosiert, dass innerlich etwas in Bewegung kommen kann.

1.11 Pelerine und Proviant

Der Begriff »Pelerine« ist vom französischen Wort für Pilger, *pèlerin,* abgeleitet. Die Pelerine bezeichnet ursprünglich den Pilgermantel. Dieser war so charakteristisch, dass Person und Kleidungsstück mit demselben Wort bezeichnet wurden. Der Pilgermantel bot Schutz vor Kälte und Hitze, diente als Decke und Aufbewahrungsort – wie eine zweite Haut.

Inzwischen ist die Pilgerkleidung hoch spezialisiert, technisch ausgeklügelt und ultraleicht. Wer will, kann viel und auch überflüssig Geld ausgeben. Sehr wichtig sind gute und gut eingelaufene Schuhe, ein passgenauer Rucksack sowie leichtes Gepäck und das bedeutet vor allem wenig. Mehr als 10 % des eigenen Körpergewichts sollte der gefüllte Rucksack nicht wiegen. Zu den wertvollen Erfahrungen des Pilgerns gehört es dann, mit wenigen Dingen auszukommen. Im Laufe einer Pilgertour werden meist Gegenstände entsorgt, die sich als überflüssig erweisen. Dieses Bild lässt sich auf das Leben übertragen: Womit belaste ich mich unnötig?

Diese Einfachheit des Lebens kann ein Genuss sein: einfaches Quartier, einfaches Essen, einfache Kleidung, Reduzierung von Reizen und Ansprüchen. Pilgern egalisiert. Alle sind ähnlich, da zweckmäßig gekleidet, Statussymbole spielen keine Rolle. Der soziale Rang und Besitz werden nicht abgebildet. Das führt auf Pilgerwegen zu einer gewissen Anonymität. Man nennt sich beim Vornamen. Auch der Pilgerpass gewährt eine neue, unbelastete und reduzierte Identität. Das wiederum ermöglicht es manchen Pilgernden, sich zu öffnen. So entsteht unter ihnen eine spezielle Mischung aus tiefgehender Offenheit und Verbundenheit untereinander und gleichzeitiger Unverbindlichkeit in der Beziehung.

1.12 Einsam und gemeinsam

Pilgern allein oder in einer Gruppe? Beides hat Vor- und Nachteile. Einerseits kann das Alleinsein geübt werden. Viele haben es verlernt oder es ist ihnen im Alltag nicht möglich. Andererseits kann dasselbe für die Teilhabe an einer Gruppe gelten.

Einzelpilgernde können sich auf dem Weg ganz auf sich und ihre persönlichen Themen, Möglichkeiten und Bedürfnisse konzentrieren. Sie entdecken neue Seiten und Fähigkeiten an sich und begegnen ihren körperlichen und seelischen Grenzen. Sie haben Zeit für die Klärung der persönlichen Situation und Ruhe, um belastende Erlebnisse zu verarbeiten und sich auf eine Veränderung ihres Lebensweges zu besinnen. Sie müssen sich allerdings selbst motivieren sowie disziplinieren und sind in Notfällen auf sich gestellt.

Nicht jede*r hält es aus, für längere Zeit allein in unbekannter Umgebung unterwegs zu sein. Viele suchen – auch wenn sie zunächst allein losgegangen sind – Gemeinschaft unter Mitpilger*innen. Dies ist allerdings auf wenig begangenen Wegen spontan nicht leicht möglich. Oft schließen sich kleine Gruppen zusammen. Sie helfen sich gegenseitig, regen sich gegenseitig durch Gespräch und Schweigen an, teilen Grenzerfahrungen, motivieren sich bei Erschöpfung, geben sich Rat. Sie können eine Art Selbsthilfegruppe bilden, sich gegenseitig zu Seelsorger*innen oder geistlichen Begleiter*innen werden. Dafür sind Kompromisse und Rücksichtnahme nötig.

In einer Gruppe, die beim Pilgern Tag und Nacht gemeinsam verbringt und in der alle alles von den anderen mitbekommen, kann es auch zu Konflikten kommen. Viele trennen sich, wenn sie sich in Tempo, Leistungsfähigkeit oder Themen zu sehr unterscheiden, sich gegenseitig ablenken oder überfordern. Auf einem Pilgerweg ist von Anfang an klar, dass die Gemeinschaft zeitlich befristet und deshalb unverbindlich ist. Ich zeige nur so viel von mir, wie ich zeigen mag. Niemand kann das überprüfen. Jede*r kann neue Identitäten ausprobieren.

Gemeinsam zu pilgern, ermöglicht in besonderer Weise, allein und zugleich in Gemeinschaft zu sein. Ein*e Einzelne*r kann in einer Gruppe laufen und trotzdem viel Freiheit für das eigene Tempo und die eigenen Themen haben. Dazu hilft es, klare Verabredungen zu treffen: An welchen Punkten warten wir aufeinander, wann schweigen wir und wann tauschen wir uns aus. Die Vorteile und die Mühen der Gemeinschaft wie des Alleingehens können wertvolle Momente der Selbsterfahrung, der Grenzerfahrung und der geistlichen Erfahrung werden.

Pilger*innen, die gemeinsam auf dem Weg sind, können zu einer Gemeinde auf dem Weg, einer Gemeinde auf Zeit werden. Sie sind für eine bestimmte Zeit als Gemeinschaft besonders intensiv, auch geistlich verbunden. Nach der Pilgerreise ist das Erzählen von dem unterwegs gemeinsam Erlebten eine wichtige Möglichkeit, sich des Gruppenzusammenhalts zu vergewissern und ihn zu festigen.

1.13 Rast und Einkehr

Wirklich zu Hause kann sich der/die Pilger*in auf dem Weg nicht fühlen. Jedes erreichte Ziel ist nur ein Etappenziel. Bei jedem Aufbruch kann auch im Innern etwas aufbrechen, beispielsweise Trauer. Abschied muss das ganze Leben lang immer wieder geübt werden. Beim Pilgern, bei dem jeder Tag einen Aufbruch und ein nur vorläufiges Ankommen mit sich bringt, kann dies exemplarisch geschehen und für die großen und kleinen, die vorläufigen und die endgültigen Abschiede im Leben schulen. Aufenthalte sind eher Rast auf dem Weg oder – in doppeltem Sinn – Einkehr.

Die Vorstellungen vom Pilgern sind durch Filme und Bücher vom Jakobsweg (dem Camino Francés) in Spanien geprägt. In Deutschland trifft man unterwegs und in den Quartieren nur selten andere Pilger*innen. Das führt manchmal zu Enttäuschungen. Die kulturelle Vielfalt wird vermisst. Auch ist hier nicht von einer verlässlichen Dichte an Pilgerherbergen auszugehen, sondern es müssen auch Jugendherbergen und Gasthäuser genutzt werden. Eine Pilgertour sollte dann vorbereitet werden, wenn nicht das Risiko eingegangen werden soll, zusätzliche Kilometer gehen zu müssen, weil z. B. ein Quartier bereits belegt ist.

Kirchengebäuden am Weg kommt grundsätzlich eine hohe Bedeutung zu, als Rastplätze für die Seele und für den Körper, in zweifacher Hinsicht also Orte der Einkehr. Sie sind Herbergen auf dem Weg zu Gott. Als Durchgangsstationen sind sie keine exklusiv festgelegten und damit festlegenden Orte der Gottespräsenz. Das gilt auch für die sesshafte Ortsgemeinde und in einem umfassenden Sinn.

Fremde zu beherbergen ist ein Werk der christlichen Barmherzigkeit. Gemeinden, die an einem Pilgerweg liegen, leisten einen gesamtkirchlichen Dienst, profitieren aber auch davon. Indem sie Kirchen offen halten und Pilgernde gastfreundlich aufnehmen, entwickeln die Gemeinden vor Ort ein neues Verhältnis zu ihrer Kirche und damit möglicherweise auch zum Glauben. In Anlehnung an Michel Foucault kann der Begriff der Heterotopie auf Kirchenräume angewendet werden (vgl. Foucault 1991, S. 39). Er ist für das Pilgern, zumindest für Pilgerwege, ebenso zutreffend. Es sind wirkliche und wirksame Orte, die zugleich außerhalb aller Orte sind: realisierte Utopien.

Am Ende einer Pilgerreise stellt sich häufig die Frage: Wie kann ich das, was ich unterwegs als wertvoll und wichtig erfahren habe, im Alltag bewahren? Pilger*innen wünschen sich, dass die Erlebnisse des Pilgerweges möglichst lange weiterwirken und ihr Ertrag auch den Alltag zu Hause bereichert und verändert. Sie finden aber oft keinen Ort, wo sie sich mit ihren Erlebnissen, den Erzählungen und Fragen, die sich daraus ergeben, beheimaten können. In ihrer Kirchengemeinde suchen sie den Raum dafür meist nicht. Viele gehen immer wieder auf eine Pilgerreise, weil das ihre Art des spirituellen Lebens geworden ist und es kaum gelingt, sie mit dem Alltag zu verbinden. Vergleichbares lässt sich bei Auszeiten im Kloster oder bestimmten spirituellen Seminargruppen beobachten. Für die Kirchengemeinden könnte diese Beobachtung Anlass sein, in zwei Richtungen weiterzudenken.

Zum einen: Wie können Menschen mit besonderen Pilgererfahrungen in der Gemeinde vorkommen und sich einbringen? In manchen Gemeinden treffen sich z. B. Pilgerstammtische. Das dient dem Austausch der Erlebnisse und ermöglicht die Weitergabe von praktischen Tipps. Hier bleiben die Pilgernden allerdings meist unter sich.

Zum anderen: Schön ist es, wenn die Heimgekehrten auch zu Hause Raum und Begleitung für ihre geistlichen Bedürfnisse finden. Wie können sie ihre Erfahrungen auch anderen in der Gemeinde zugänglich machen und selbst durch neue Deutekategorien und geistliche Anregungen für ihre Pilgerpraxis bereichert werden. Wie kann in der Gemeinde und kirchlich begleitet Pilgererfahrung eröffnet werden?

Wege vor Ort zu pilgern (z. B. auf Stadtpilgerwegen), kann den Alltagsbezug dieser geistlichen Übung unterstützen. Wer später, etwa zum Einkaufen oder zur Arbeit, denselben Weg geht, den er zuvor gepilgert ist, wird sich an die Impulse für diesen Weg erinnern und sie mit in seinen Alltag nehmen. Anders als Wanderwege, die immer möglichst die landschaftliche Schönheit zum Kriterium der Wegführung haben, können alle Wege als Pilgerwege dienen, dann auch bewusst durch »hässliche« Ecken einer Stadt. Alle Orte und alle Lebensvollzüge an diesen Orten haben mit dem Gottesverhältnis zu tun. Das aufzuweisen, ist eine lohnende Aufgabe für geistliche Pilgerbegleiter*innen.

Für die meisten Menschen sind die Kontakte mit Kirche und Gottesdienst nur punktuell bedeutsam. Kirche allgemein und auf Distanz wird geschätzt. An den Bedürfnissen von Pilger*innen lässt sich jedoch ablesen, dass viele Menschen sich eigentlich mehr und längerfristige, dauerhafte, tiefergehende und persönliche Begleitung wünschen. Formate, die es ermöglichen, intensive Wegerlebnisse mit dem Alltag und der eigenen Biografie zu verbinden, beispielsweise in gemeindlich angebotenen Pilgertagen oder Pilgerandachten vor Ort, werden von vielen begrüßt und dankbar aufgenommen.

1.14 Fragen und Antworten

Fragen sind oft wichtiger als Antworten. »Wer fragt, führt«, ist eine Erkenntnis der Systemik. Missbraucht werden sie, wenn die Fragen rhetorisch, geschlossen und damit manipulativ gestellt sind. Offene Fragen hingegen, deren Beantwortung für die/den Fragende nicht schon vorher feststeht, aktivieren. Sie können richtungsweisend sein, ohne den genauen Weg vorzuzeichnen. Wer offene Fragen stellt, gibt die Kontrolle über die Antworten auf. Die Fragen signalisieren: Ich will etwas von dir erfahren. Ich weiß nicht schon alles. Solche Fragen aktivieren Gedanken und Emotionen, sie rufen Bilder hervor, ermöglichen Begegnung, lösen Suchbewegungen aus. Manche Fragen führen nicht zu einer Antwort, sondern zu neuen, vertiefenden Fragen. Schnelle Antworten sind selten eine Lösung. Zu viele Fragen können eine Überforderung sein und werden dann kaum noch gehört.

Pilger*innen stellen sich ihren Fragen sowie den Fragen, die der Weg und die Umwelt ihnen nahelegen (vgl. Grünwaldt 2014, S. 69 f.). Oft sind dies die großen Fragen des Lebens. In Abwandlung des oben aufgeführten Zitates könnte man dann sagen: »Sie lassen sich führen.« Sie lassen sich zum Leben, zu sich selbst, zu anderen Menschen, möglicherweise auch zum Glauben und zu Gott führen.

Ein Blick in die Bibel zeigt: Propheten stellen Fragen und wer nach Gott fragt, wird in den Psalmen seliggepriesen, Jesus fragt.[11] Er fragt offen und gibt den Menschen die Antwort nicht vor. Er eröffnet ihnen eine Suchbewegung. Er verzichtet auf ein Machtgefälle, ist den Menschen nah, lässt sich ganz auf ihre Situation ein und ermöglicht ihnen eine wirkliche, freie Begegnung mit sich und mit Gott.

---

11 *Jesus* fragte die Jünger: »Was meint ihr, wer ich bin?« (Mt 16,15); »Hast du mich lieb?« (Joh 21,15); »Willst du gesund werden?« (Joh 5,6) – Diese Fragen Jesu kann ich als an mich selbst gestellt hören und auf dem Pilgerweg bedenken.

Impulse zum Pilgern können genau diesen Horizont eröffnen und die Menschen durch Fragen auf Gott hin ausrichten, sie in eine Begegnung mit Jesus führen. Oft lösen sie keine Suchbewegung aus, sondern machen nur bewusst, welche Fragen schon lange in den Pilgernden schlummern. Häufig sind es Lebensfragen, die Menschen auf einen Pilgerweg führen. Es kann für die Teilnehmenden eine wichtige Übung sein, sich nicht von allen Impulsen herausfordern zu lassen. Zu Beginn oder zwischendurch können Pilgerbegleiter*innen ihre Gruppe darauf hinweisen, dass sie selbst entscheiden, welchem Impuls sie wirklich folgen wollen und dass sie nichts erzwingen müssen, wenn ein Impuls keine Reaktion in ihnen auslöst.

2   Geh mit Gott! Biblische Impulse

Jedes Kapitel enthält eine eigene Einführung sowie unterschiedliche Stationen mit Impulsen, Gebeten und Segen. Sie können fortlaufend abgeschritten, einzeln verwendet oder neu kombiniert werden. Sie sind meist allgemein formuliert, unabhängig von einem speziellen Weg.

Wer eine Gruppe führen möchte, sollte sich im Vorfeld den Weg überlegen und diesen möglichst abgehen, um einschätzen zu können, wie viel Zeit zwischen den Stationen für den jeweiligen Impuls zur Verfügung steht. Für die Impulse können beim Probegehen passend zu Landschaftsmerkmalen Stationen festgelegt werden, sie können auch entsprechend weiterentwickelt werden. Beim Pilgern ist immer eine gewisse Spontaneität gefordert, um z. B. auf Witterung oder Gruppendynamik reagieren zu können.

Die folgenden Modelle sind in der 2. Person Singular wie Plural formuliert. Das »Du« ist unter Pilgern verbreitet. Wo ein »Sie« angebracht ist, formulieren Sie um!

2.1 EvanGEHlisch

Wüste | Psalm 63

▓ 1. Station ▓▓▓▓▓▓▓▓▓▓▓▓▓▓▓▓▓▓▓▓▓▓▓▓▓▓▓▓▓▓▓▓▓▓

▶ Begrüßung

Wir stellen uns im Kreis auf.

Einen abwechslungsreichen Weg werden wir heute gehen, über Stock und Stein, auf Straßen, bergauf, bergab, schattig, sonnig, matschig – mit einem Psalm.

Ich gehe vor. Wir bleiben auf Sichtweite zusammen. Wer mich überholt, wartet an der nächsten Kreuzung. Wir werden denselben Weg später zurückgehen. Dann kann sich jede*r im eigenen Tempo selbständig auf den Weg machen.

Auf dem Hinweg machen wir für die Impulse sechs Mal Station. Wir gehen schweigend.

Pilgersegen
Gott,
wir nehmen diesen Tag aus deiner Hand
und danken dir, dass wir ihn erleben dürfen.
Öffne unsere Sinne für deine Gegenwart.
Berühre unser Herz mit deinem Wort.
Segne unser Aufbrechen und Gehen.
Lass uns bewahrt und erfüllt heimkehren.
Amen.

Psalm 63 wird ausgeteilt und gemeinsam oder im Wechsel gesprochen.

Psalm 63
1 Ein Psalm Davids, als er in der Wüste Juda war.
2 Gott, du bist mein Gott, den ich suche.
Es dürstet meine Seele nach dir,
mein Leib verlangt nach dir aus trockenem,
dürrem Land, wo kein Wasser ist.

₃ So schaue ich aus nach dir in deinem Heiligtum,
wollte gerne sehen deine Macht und Herrlichkeit.
₄ Denn deine Güte ist besser als Leben;
meine Lippen preisen dich.
₅ So will ich dich loben mein Leben lang
und meine Hände in deinem Namen aufheben.
₆ Das ist meines Herzens Freude und Wonne,
wenn ich dich mit fröhlichem Munde loben kann;
₇ wenn ich mich zu Bette lege, so denke ich an dich,
wenn ich wach liege, sinne ich über dich nach.
₈ Denn du bist mein Helfer,
und unter dem Schatten deiner Flügel frohlocke ich.
₉ Meine Seele hängt an dir; deine rechte Hand hält mich.
₁₀ Sie aber trachten mir nach dem Leben, mich zu verderben;
sie werden in die Tiefen der Erde hinunterfahren.
₁₁ Sie werden dem Schwert dahingegeben
und den Schakalen zur Beute werden.
₁₂ Aber der König freut sich in Gott /
Wer bei ihm schwört, der darf sich rühmen;
denn die Lügenmäuler sollen verstopft werden.

Impuls
Diesen Psalm nehmen wir mit auf unseren Weg. Auf dem ersten Wegstück könnt ihr ihn lesen, auswendig lernen, vor euch hin murmeln. Ihr könnt ihn im Rhythmus eurer Schritte oder eures Atems wiederholen. Nehmt ihn mit allen Sinnen wahr. Was seht, hört, tastet, riecht, schmeckt ihr hier um euch herum und mit dem Psalm?

2. Station
»suchen – dürsten – verlangen«

Mit dem Psalm sind wir in der Wüste. Schaut, wo es Stellen in euch gibt, die sich wie eine Wüste anfühlen. Ist etwas versteinert in euch, dürr, verwelkt, vertrocknet, hölzern?

Sucht euch etwas, das dafür stehen kann: einen Stein, ein Stück Holz, etwas trockene Erde, ein verwelktes Blatt.

Impuls
Was ist versteinert oder vertrocknet in mir?
Ich verbinde es mit dem Gegenstand und erspüre es.

3. Station

Impuls
Sucht euch auf dem nächsten Wegstück eine Stelle, an der ihr das, was eure Versteinerung oder Trockenheit symbolisiert, ablegt. Ihr könnt es wegschmeißen, verstecken, zu Wasser lassen, vorsichtig ablegen.
Mit welchem Gefühl lasst ihr es los?
Ihr habt genügend Zeit. Wir sammeln uns an der nächsten Weggabelung und warten dort.

4. Station
Geht den Psalm noch einmal durch und vertauscht durchgehend Subjekt und Objekt. Lest ihn so, als spräche Gott, ja als betete Gott den Psalm.

Impuls
Setzt da, wo »Gott« steht, euren eigenen Namen ein.
Aus dem zweiten Vers: »Gott, du bist mein Gott, den ich suche.«, wird dann zum Beispiel: »Gott spricht, Anna, du bist meine Anna, die ich suche.« Oder: »Paul, du bist mein Paul ...«
Hört genau hin, wie Gott euch bei eurem eigenen Namen ruft. Spürt dem nach, was es auslöst, wenn er euch persönlich anspricht, sich nach euch sehnt, Blickkontakt sucht. So könnt ihr den ganzen Psalm durchgehen und euch jeden Vers von Gott gesagt sein lassen.

5. Station

Auf dem nächsten Wegstück seid einfach da vor Gott, haltet euch offen für die Begegnung mit ihm.

Impuls
Nehmt einen Versteil oder ein Wort, das zu euch spricht, heraus und legt es auf euren Schritt- und Atemrhythmus. Vielleicht ist es sogar nur: »Du«.

Bewegt es im Herzen. Versucht, es wiederzukäuen, zu schmecken, auf der Zunge zergehen zu lassen.

Geht mit diesem Wort. Geht in es hinein, durch es hindurch. Lasst das Denken los, lasst euch gehen, lasst euch gehen von diesem Wort, lasst euch gehen von Gott.

6. Station

»preisen – loben – frohlocken«

Unvermittelt kommt in den Psalmen, so auch in diesem, der Umschwung von der Klage zum Lob.

Impuls
- Wo spüre ich Lebensfreude in mir?
- Wo sprudeln neue Quellen, sodass das Leben sprießen kann?
- Wo beginnt Gotteslob zu klingen?

7. Station

Wir bilden einen Kreis.

Wer mag, kann etwas in die Mitte unseres Kreises legen, laut ausgesprochen für alle hörbar oder für sich in Gedanken: ein Wort aus dem Psalm, eine Erkenntnis, etwas, was ihm/ihr unterwegs begegnet ist.

Wir trennen uns hier.

Zurück geht jede*r für sich allein. Geht im eigenen Tempo mit Preisen, Loben, Frohlocken auf eure Art: singend, pfeifend, tänzelnd, hüpfend, zwischendurch stehen bleibend und zum Himmel schauend, an einen Baum gelehnt sitzend. Findet einen körperlichen Ausdruck für euer Gotteslob.

Ihr habt dafür zwei Stunden Zeit.

Um xx Uhr treffen wir uns in der Kirche zu einem gemeinsamen Abschluss.

8. Station
Abschluss in einer Kirche, um den Altar stehend oder in einem Stuhlkreis sitzend.

- Lied: Ich lobe meinen Gott von ganzem Herzen (EG 272, GL 400)
- Psalm 63 wird gemeinsam gesprochen.
- Vaterunser
- Segen

Tischgemeinschaft | Psalm 23

1. Station
In einer Kirche.

Wir sammeln uns in einem Kreis oder stellen uns um den Altar im Halbkreis auf.

Im Namen des Vaters und des Sohnes und des Heiligen Geistes gehen wir heute gemeinsam einen Weg mit Psalm 23.

- Psalmlied: Der Herr ist mein Hirte (EG NB 574, EG BT 740)

Alternativ kann der Psalm gemeinsam gesprochen und gebetet werden.

Psalm 23
1 Ein Psalm Davids.
Der HERR ist mein Hirte, mir wird nichts mangeln.
2 Er weidet mich auf einer grünen Aue
und führt mich zum frischen Wasser.

3 Er erquicket meine Seele.
Er führt mich auf rechter Straße um seines Namens willen.
4 Und ob ich schon wanderte im finstern Tal,
fürchte ich kein Unglück; denn du bist bei mir,
dein Stecken und Stab trösten mich.
5 Du bereitest vor mir einen Tisch
im Angesicht meiner Feinde.
Du salbest mein Haupt mit Öl und schenkest mir voll ein.
6 Gutes und Barmherzigkeit
werden mir folgen mein Leben lang,
und ich werde bleiben im Hause des HERRN immerdar.

Gebet
Gott,
wir sind Anfänger im Glauben,
jeden Morgen neu.
Begleite uns auf dem Weg
von dir zu dir.
Schenke uns ein Wort für unser Herz
und ein Herz für dein Wort.
Amen.

Karten mit Psalm 23 werden ausgeteilt.

Impuls
Nehmt den Psalm mit auf den Weg. Murmelt ihn; sagt ihn laut vor euch hin; auswendig oder bewusst gelesen; ganz; einzelne Verse oder Wörter; singt ihn oder »tönt« ihn – verbindet ihn mit den Klängen, die in euch sind. Legt ihn auf euer Schritttempo, auf den Atemrhythmus. Beim Umhergehen geht mit ihm um.

2. Station

Impuls
Bewegt die Er-Aussagen des Psalms:
- Er weidet mich,
- er führet mich zum frischen Wasser,
- er erquicket meine Seele,
- er führet mich auf rechter Straße.

Welche Gefühle lösen sie in euch aus?

Und die Du-Aussagen?
- Du bist bei mir,
- du tröstest mich,
- du salbest mein Haupt mit Öl.

Spürt den Gefühlen nach.

3. Station

Impuls
Nun variiert den ersten Vers des Psalms. Für *Herr* setzt Gottesprädikate ein, die euch wichtig sind, zum Beispiel:
Der/die
- Gerechte (ist mein Hirte),
- Zärtliche,
- Allmächtige,
- Niedrige,

zuletzt sagt ihr anstelle von *Herr*
- »Du«.

Dann setzt für *Hirte* andere Begriffe ein, zum Beispiel:
Du bist mein*e
- Freund*in,
- Richter*in,
- Geliebte*r,

- Lehrer*in,
- Vater/Mutter.

Lasst entsprechende Bilder in euch aufsteigen. Welche Gefühle lösen sie aus?

Verweilt bei dem Bild, bei dem Gefühl, bei der Anrede, bei dem, was im Moment für euch stimmig ist.

4. Station

Impuls
Nun kehrt das um. Wie spricht Gott euch an?
Die/der
- Kluge,
- Traurige,
- Sünder*in,
- Beter*in,
- Dankbare,

bis hin zum
- Du, zu eurem Namen.

Hört, wie Gott euch anspricht.

Und welche Attribute hat Gott wohl für euch? Wie würde er euch beschreiben?
Du bist mein*e
- Schäfchen,
- Geliebte*r,
- Feind*in,
- Freund*in,
- Sorgenkind.

5. Station

Tut euch zu zweit zusammen und erzählt euch von euren Entdeckungen.

6. Station

Impuls
Geht den Zukunftsaussagen nach:
»Gutes und Barmherzigkeit werden mir folgen mein Leben lang.«
und »Ich werde bleiben im Hause des Herrn immerdar.«
- Welche Verheißung ersehnt ihr?
- Welche Gefühle sind mit diesen Bildern verbunden?
- Welches Bild und welches Gefühl sind momentan für euch am stimmigsten?

7. Station

Abendmahl
Gott,
du bereitest vor mir einen Tisch.
Du schenkest mir voll ein.
Wir feiern das im Abendmahl.

- Lied: Let all who are thirsty come (Taizé)[12]
- Vaterunser
- Friedensgruß (bei kleineren Gruppen tauscht jede*r mit jedem*r den Friedensgruß)
- Agnus Dei
- Einsetzungswort Brot (z. B. EG NB 09, s. 1. Korinther 11,23–24)
- Austeilung Brot
- Einsetzungswort Wein (z. B. EG NB 09, s. 1. Korinther 11,25)
- Austeilung Kelch
- Dankgebet: Das Dankgebet halten wir gemeinsam. Jede*r kann einen Dank oder ein Anliegen laut sagen. Ich beginne und schließe das Gebet ab.
- Segen

---

[12] Alle Gesänge aus Taizé sind auf der Homepage der Communauté zu finden: https://www.taize.fr/de_article10313.html?letter=A

Aufrecht | Lukas 13,10-17

1. Station

Lukas 13,10-17

10 Und er lehrte in einer Synagoge am Sabbat. 11 Und siehe, eine Frau war da, die hatte seit achtzehn Jahren einen Geist, der sie krank machte; und sie war verkrümmt und konnte sich nicht mehr aufrichten. 12 Als aber Jesus sie sah, rief er sie zu sich und sprach zu ihr: Frau, du bist erlöst von deiner Krankheit! 13 Und legte die Hände auf sie; und sogleich richtete sie sich auf und pries Gott. 14 Da antwortete der Vorsteher der Synagoge, denn er war unwillig, dass Jesus am Sabbat heilte, und sprach zu dem Volk: Es sind sechs Tage, an denen man arbeiten soll; an denen kommt und lasst euch heilen, aber nicht am Sabbattag. 15 Da antwortete ihm der Herr und sprach: Ihr Heuchler! Bindet nicht jeder von euch am Sabbat seinen Ochsen oder Esel von der Krippe los und führt ihn zur Tränke? 16 Musste dann nicht diese, die doch Abrahams Tochter ist, die der Satan schon achtzehn Jahre gebunden hatte, am Sabbat von dieser Fessel gelöst werden? 17 Und als er das sagte, schämten sich alle, die gegen ihn waren. Und alles Volk freute sich über alle herrlichen Taten, die durch ihn geschahen.

Mit der gekrümmten und aufgerichteten Frau üben wir den aufrechten Gang und gehen eine Wegstrecke gemeinsam. Ich werde vorangehen, damit ihr euch nicht darum kümmern müsst, den Weg zu finden. Zweimal machen wir Halt für einen Impuls. Ihr könnt euch der äußeren wie der inneren Bewegung überlassen, euch finden lassen von dem, was euch entgegen kommt – was von Gott kommt.

Segen
Er sei bei uns auf unserem Weg.
Amen.

In der Geschichte entrüstet sich der Synagogenvorsteher über Jesus, dass dieser am Sabbat arbeite. Er meint, die Heilung sei menschliche Arbeit, die am Sabbat verboten ist. Jesus verweist auf Gott. Heilung ist Heil von Gott und gehört insofern genau an den Heiligen Ort und in diese Heilige Zeit. Befreiung ist der Sinn des Sabbats. Es ist Heilszeit.

Wir halten uns offen für das Heil, das Gott uns schenken will. Wir bitten darum, dass er uns aus der gebeugten Haltung löst. Auf unsere eigene Anstrengung, dies zu schaffen, versuchen wir zu verzichten.

Impuls
Denkt an eine Situation, die euch unfrei macht.

Stellt sie euch wie eine Fessel vor, die euch um die Hände gelegt ist und euch handlungsunfähig macht; oder um die Füße, dass ihr euch nicht von der Stelle bewegen könnt; oder als einen zentnerschweren Rucksack, der euch niederdrückt.

Stellt es euch bildlich genau vor und fühlt euch hinein. Entscheidet euch für eine einzige konkrete Situation. Beim Gehen bis zur nächsten Station habt ihr dafür Zeit.

Wir gehen in Stille.

2. Station

Impuls
Nun legt ihr hier ab, das eine, wofür ihr euch entschieden habt, was euch fesselt oder niederdrückt. Diese eine Sache könnt ihr ablegen. Es geht. Stellt euch das genau vor. Legt es bewusst und respektvoll ab.

Ihr könnt euch auch vorstellen, dass Jesus die Fessel löst oder euch die Last abnimmt. Ihr könnt es ihm zu treuen Händen übergeben, es ihm liebevoll anvertrauen.

▻ Stille

Jetzt gehen wir weiter auf dem Weg. Wir gehen aufgerichtet.
Probiert das Gefühl des Befreitseins aus.
Vielleicht könnt ihr es genießen.

3. Station

Der Synagogenvorsteher protestiert gegen die Heilung.

Vielleicht ist auch in euch eine Stimme, die protestiert: »Das kannst du doch nicht so einfach machen. Die Fessel lösen lassen und die Freiheit genießen – das ist nicht in Ordnung!«

Impuls
Führt dieses Streitgespräch mit euch selbst. Was spricht möglicherweise dagegen, sich befreien zu lassen?

Gegen diesen Widerspruch protestiert wiederum mit Unterstützung von Jesus, auch vehement: »Doch! Gott will die Befreiung des Menschen von dem, was ihn niederdrückt und fesselt!«

4. Station

Blendet die widersprechenden Stimmen aus.
Konzentriert euch ganz auf Jesus:
- Er sah sie.
- Er rief sie zu sich.
- Er legte ihr die Hand auf.
- Er sprach zu ihr: »Sei frei!«

Spürt seinen Blick, seine Hand und hört seinen Ruf, seinen Freispruch. Lasst euch davon aufrichten und geht als Aufgerichtete.

Segen
Geht hin im Frieden des Herrn.
Amen.

Dankbarkeit und Erntedank | Lukas 17,11-19

1. Station
In einer Kirche.

Wir stehen im Kreis. Kennen sich alle? Falls nicht, machen wir eine Vorstellungsrunde mit je drei Informationen zur eigenen Person: Name; Woher seid ihr? Seid ihr schon einmal gepilgert?

Einige wissen schon, worauf sie sich an so einem Pilgertag einlassen, einige wissen es noch nicht:
Wir gehen einen Weg von ca. 12 Kilometern. Wir gehen mit einem Bibeltext, den wir uns mit Impulsen schrittweise erschließen. An mehreren Stationen werden wir unterwegs Halt machen, mittags in einer Schutzhütte (oder unter freiem Himmel) rasten. Wir werden reden, singen und schweigen.

► Lied: Befiehl du deine Wege (EG 361, GL 418)

Pilgern geht am besten mit leichtem Gepäck. Mit der Länge der Strecke empfinde ich die Last auf dem Rücken immer schwerer. Da gilt es, Dinge abzulegen – am besten schon, bevor es losgeht. Das tun wir jetzt, allerdings im übertragenen Sinn.
Wir legen ab, was uns belastet: Sorgen, Ängste, Ärger. Wir legen es hier auf dem Altar ab. Wir tragen Dinge, die für uns eigentlich zu schwer sind, die wir gar nicht tragen können, nicht ertragen können. Wir legen es Gott hin, ihm in die Hände.
Eine Pilgerwanderung erinnert daran, dass wir im Vertrauen auf Gott unseren Weg gehen, dass er uns führt und wir ihm die Sorge um unseren Lebensweg und den unserer Familie und Freund*innen anvertrauen können.
Wir haben jetzt einen Moment der Stille, in dem wir konkret überlegen, was wir zumindest für diesen Weg hier auf dem Altar liegen lassen wollen.

► Stille

Wenn uns diese Gedanken unterwegs wieder bedrücken, wissen wir, wohin wir sie zurückverweisen können: hier auf den Altar.

Pilgersegen
Für alles, was wir heute vor uns haben, bitten wir um Segen und Begleitung.
Christus,
du bist der Weg, die Wahrheit und das Leben.
Führe uns heute auf einem segensreichen Weg.
Leite uns an, dass wir die Wahrheit erkennen
und uns am Leben freuen.
Bleibe bei uns, Herr,
jetzt und alle Tage.
Amen.

Impuls
Für das erste Wegstück tun sich jeweils zwei Personen zusammen, die sich noch nicht oder nicht gut kennen, und tauschen sich aus:
- Wie bin ich hier angekommen?
- Was bewegt mich gerade?

2. Station
Wir bilden einen Kreis und lesen den Bibeltext.
Dies kann auch mit verteilten Rollen geschehen.

Lukas 17,11–19
11 Und es begab sich, als er nach Jerusalem wanderte, dass er durch das Gebiet zwischen Samarien und Galiläa zog. 12 Und als er in ein Dorf kam, begegneten ihm zehn aussätzige Männer; die standen von ferne 13 und erhoben ihre Stimme und sprachen: Jesus, lieber Meister, erbarme dich unser! 14 Und da er sie sah, sprach er zu ihnen: Geht hin und zeigt euch den Priestern! Und es geschah, als sie hingingen, da wurden sie rein. 15 Einer aber unter ihnen, als er sah, dass er gesund geworden war, kehrte er um und pries Gott mit lauter Stimme 16 und fiel nieder auf sein Angesicht zu Jesu Füßen und dankte ihm. Und das war ein Samariter.

17 Jesus aber antwortete und sprach: Sind nicht die zehn rein geworden? Wo sind aber die neun? 18 Hat sich sonst keiner gefunden, der wieder umkehrte, um Gott die Ehre zu geben, als nur dieser Fremde? 19 Und er sprach zu ihm: Steh auf, geh hin; dein Glaube hat dir geholfen.

Wenn es dringende Verständnisfragen gibt, können diese nun gestellt werden. Ich werde versuchen, sie zu beantworten. Im Übrigen versucht, diese im Gespräch miteinander zu klären.

Impuls
Wir gehen zu zweit weiter, nun aber mit einer anderen Person. Tauscht euch aus über die Frage: Was berührt mich an dem Text?

3. Station

Wenn euch ein Impuls nicht anspricht, nehmt euch gedanklich etwas anderes vor, meditiert z. B. über einen Bibelvers, indem ihr ihn innerlich wiederholt. Oder denkt darüber nach, wie der Impuls für euch passend umgeformt werden könnte.

Nach dem nächsten Impuls gehen wir schweigend jede*r für sich weiter. Schweigen ist etwas anderes, als einfach nur nicht zu reden, weil gerade kein Gesprächspartner da ist. Wir nehmen es uns bewusst vor. Gemeinsam zu schweigen, ist etwas Besonderes. Die Gruppe trägt das Schweigen mit und dadurch intensiviert es sich.

Die Geschichte aus dem Lukasevangelium erzählt von uns. Wir können versuchen, herauszufinden: Wo geht es uns wie den zehn Männern in ihrer Krankheit und in der Heilung? Dazu leiten die folgenden Impulse an.

Die zehn Aussätzigen sind aus der Gemeinschaft ausgeschlossen, weil ihre Krankheit ansteckend ist. Jedoch sind sie als Gruppe zusammen. Sie teilen ihr Schicksal und sind darin verbunden.

Impuls
Welche Gruppen haben euch in eurem Leben gestärkt?
 Erstellt euch in Gedanken eine Liste. Beantwortet für jede eurer Gruppen diese Fragen:
- Was hat uns verbunden?
- Welche Gefühle verbinde ich mit der Erinnerung an diese Gruppe?
- Was trägt mich aus dieser Erfahrung bis heute?

Wir gehen eine Viertelstunde lang schweigend. Danach kann sich, wer mag, zusammentun und über das Erlebte sprechen.

4. Station

Die Zehn sind aus der Dorfgemeinschaft ausgeschlossen. Sie werden von ferne versorgt. Wenn sich ihnen jemand nähert, müssen sie auf sich aufmerksam machen und vor sich warnen. Es ist demütigend, vor sich selbst warnen zu müssen.

Impuls
- Wann hatte/habe ich das Gefühl, das Leben findet woanders statt, ohne mich?
- Wo habe ich die Erfahrung gemacht, dass ich nicht dazu gehöre?
- Wo habe ich mich bewusst entschieden, dass ich nicht dazugehören will?

Wir gehen schweigend weiter.

Nach einer Viertelstunde kann sich, wer mag, zusammentun und über das Erlebte reden. Achtet darauf, ob ihr selbst wirklich reden wollt und ob die/der andere es möchte. Verständigt euch, ohne zu sprechen!

5. Station

Auch Jesus scheint an diesen Kranken vorbeizugehen. Umso dringender und verzweifelter ist ihr Hilferuf: »Jesus, lieber Meister, erbarme dich unser!« Sie rufen nicht: »Mach uns gesund!«

Sie vertrauen darauf, dass Jesus weiß, was sie brauchen, und er entsprechend für sie sorgen wird.

Impuls

Lasst den Gebetsruf: »Jesus, lieber Meister, erbarme dich meiner!« in euch klingen. Verbindet ihn mit einem Thema, das euch auf den Nägeln brennt – vielleicht etwas, das euch vom Leben isoliert, womit ihr euch allein quält. Gebt kein Ergebnis vor, sondern seid offen für das, was Jesus euch schenken wird. Oder wiederholt nur den Ruf, ohne ein konkretes Anliegen.

Es ist die meditative Praxis des frühen Mönchtums, diesen Ruf zu wiederholen, ihn laut oder leise vor sich hinzusagen. Im Herzen den Ruf zu wiederholen, das wird Herzensgebet genannt. Möglicherweise stellt sich beim inneren Rufen ein konkretes Anliegen ein oder eine neue Sicht auf die Dinge.

Betet einmal nur für euch selbst. Wir beten oft und zu Recht für andere. Jetzt und hier ist Zeit, sich ganz persönlich Jesus anzuvertrauen: »Jesus, lieber Meister, erbarme dich meiner!« Nehmt euch im Gebet wichtig und lasst euch davon nicht ablenken.

Das Gebet kann auch immer kürzer werden: »Jesus, erbarm dich meiner!« oder nur noch die Anrede: »Jesus«.

Wir gehen schweigend weiter.

Nach einer Viertelstunde schweigenden Gehens kann sich, wer mag, zusammentun und über das Erlebte reden.

6. Station

Die zehn Männer werden gesund. Das bedeutet, sie können in die Gemeinschaft zurückkehren, in ihr Dorf, zu ihren Familien.

Impuls
Stellt euch vor – stellt euch ganz bildlich vor – jemand sagt zu euch: »Schön, dass du da bist.« Oder: »Ich freue mich über dich. Du hast gefehlt.«

Hört genau, wie das jemand zu euch sagt. Wie fühlt sich das an? Könnt ihr es genießen?

Wir gehen schweigend weiter.

Nach einer Viertelstunde des Schweigens kann sich, wer mag, zusammentun und über das Erlebte reden.

[Hier kann der Weg gegebenenfalls beendet werden.]

Wir machen zwei Abschlussrunden:
- Wie war das Schweigen?
- Jede*r von euch nennt eine Sache oder eine Person, die euch auf dem Weg in den Sinn gekommen ist und für die ihr dankbar seid.

Mittagspause
Gemeinschaft wird besonders sichtbar und erlebbar bei Tisch. Wir haben hier keinen Tisch, aber eine Mittagsgemeinschaft. Zum Essen singen wir ein Danklied.

► Lied: Danket, danket dem Herrn (EG 336) /
Alle gute Gabe (EG 508 Refrain)

Wir gehen weiter. Zunächst gehen wir locker, gemeinsam, redend, um wieder in Schwung zu kommen.

7. Station

In der Traumforschung gibt es die Theorie, dass alle Figuren, die mir im Traum begegnen, eine Seite von mir selbst repräsentieren. So lassen sich auch Bibelgeschichten verstehen.

Ich kann die zehn geheilten Aussätzigen auch als Aspekte von mir selbst verstehen. Von zehn Fällen habe ich neun Mal vergessen, mich zu bedanken, und nur einmal gedankt. Vielleicht ist das Zahlenverhältnis aber auch etwas anders?

Impuls
Jetzt ist Zeit, euch klarzumachen, welchen Menschen ihr etwas verdankt. Möglicherweise tauchen die Menschen vom Anfang wieder auf, die Gruppen, mit denen ihr verbunden seid.

Vielleicht fällt euch jemand ein, dem ihr bisher nicht gedankt habt oder auch gar nicht danken wolltet. Jetzt könnt ihr diese Beziehung neu betrachten und etwas Dankenswertes finden.

In jedem Fall gibt es Gott viel zu danken.

Wir gehen in Stille.

8. Station

Jesus sagt zu dem einen Dankbaren: »Dein Glaube hat dir geholfen.« Die anderen haben ihr Gesundwerden vielleicht gar nicht mit Jesus in Verbindung gebracht. Sie sind nur körperlich gesund geworden.

Der Glaube und das Vertrauen zu Gott heilt noch tiefer – es ist ein Segen: Geh im Vertrauen, dass Gott dir hilft!

Impuls
Im Vertrauen auf Gott gehen wir – gehen einfach nur.

9. Station

Impuls
Tut euch noch einmal zu zweit zusammen. Erzählt euch Dinge oder Begebenheiten, für die ihr dankbar seid.

Manchmal lohnt es sich auch, für Unverständliches zu danken, für Einfaches oder für die Rätsel und Wunder des Lebens – so wie es Hans Magnus Enzensberger in dem folgenden Gedicht macht. Es dient euch als Anregung: Wofür seid ihr dankbar?

Empfänger unbekannt (Retour à l'expéditeur)
Vielen Dank für die Wolken.
Vielen Dank für das Wohltemperierte Klavier
und, warum nicht, für die warmen Winterstiefel.
Vielen Dank für mein sonderbares Gehirn
und für allerhand andre verborgne Organe,
für die Luft, und natürlich für den Bordeaux.
Herzlichen Dank dafür, daß mir das Feuerzeug nicht ausgeht,
und die Begierde, und das Bedauern, das inständige Bedauern.
Vielen Dank für die vier Jahreszeiten,
für die Zahl e und für das Koffein,
und natürlich für die Erdbeeren auf dem Teller,
gemalt von Chardin, sowie für den Schlaf,
für den Schlaf ganz besonders,
und, damit ich es nicht vergesse,
für den Anfang und das Ende
und die paar Minuten dazwischen
inständigen Dank,
meinetwegen für die Wühlmäuse draußen im Garten auch.
(Enzensberger 1995, S. 124)

10. Station

Wir feiern Erntedank, obwohl in manchen Bereichen die Ernte schlecht ausgefallen ist. Auch wenn es Grund zur Klage gibt, tut es mir selbst gut, das Dankenswerte nicht zu vergessen.

Dank ist der versöhnliche Abschluss einer Phase.

Deshalb schlage ich vor, dass wir diesen Tag mit einem Dankgebet abschließen. Ich werde das Gebet beginnen und beenden. Dazwischen ist die Möglichkeit, dass ihr Dinge nennt, für die ihr dankbar seid.

Gebet
Gott,
wir danken dir für
diesen Tag,
die Sonne.
die Gemeinschaft,
den Weg,
...
Amen.

► Lied: Alle gute Gabe (EG 508 Refrain)

Neue Sicht – Gottesdienst auf dem Weg (mit Abendmahl) | Markus 10,46-52

1. Station
Vor der Kirche. Jede*r bekommt ein Teelicht, das zum Schutz in einem Glas steht. Im Eingangsbereich wird das Licht angezündet.

Wir ziehen mit den brennenden Lichtern in der Hand in die Kirche ein und singen dabei.

► Lied: Christus, dein Licht verklärt unsere Schatten (Taizé, freiTÖNE 248) / Meine Hoffnung und meine Freude (Taizé, freiTÖNE 43) / Gottes Wort ist wie Licht in der Nacht (Taizé)

Am Altar angekommen, stellen alle ihre Lichter auf den Altar oder davor auf den Fußboden.

Wir beginnen unseren Pilgertag hier in der Kirche. Wir feiern ihn als einen Gottesdienst auf dem Weg. Heute Nachmittag, wenn wir wieder hier in der Kirche ankommen, feiern wir Abendmahl.

Wir stellen uns unter Gottes Schutz und Segen. Er geht mit, er ist nicht in einer Kirche fixiert, sondern ein beweglicher, ein lebendiger Gott. Sein Wort sei unseres Fußes Leuchte und ein Licht auf unserem Weg.

Pilgersegen
Gott,
sei bei uns auf diesem Weg.
Öffne uns die Augen,
dass wir dich erkennen,
und dir folgen
auf allen Wegen.
Amen.

Wir nehmen die Kerzen vom Altar und gehen damit zurück zum Ausgang und singen dabei.

► Lied: Christus, dein Licht verklärt unsere Schatten (Taizé, freiTÖNE 248) / Meine Hoffnung und meine Freude (Taizé, freiTÖNE 43) / Gottes Wort ist wie Licht in der Nacht (Taizé)

An der Kirchentür werden die Kerzen gelöscht und dort auf einem Tisch stehen gelassen.

Das Licht des Wortes Gottes, das Licht des Evangeliums, das Licht der Liebe Gottes ist mit auf unserem Weg.

Impuls

Wir schärfen unseren Sehsinn. Bewusst und dankbar sehend nehmen wir Licht und Schatten, Farben und Formen wahr. Wir lassen sie einströmen durch die Augen. Wir denken nicht viel darüber nach, wir deuten nicht, bewerten nicht. Wir nehmen wahr.

Wir gehen schweigend und spüren dem Licht Gottes nach, nicht nur mit unseren Augen.

2. Station

Wir lesen die Bibelgeschichte vom blinden Bartimäus.

Markus 10,46–52

46 Als Jesus aus Jericho hinausging, er und seine Jünger und eine große Menge, da saß ein blinder Bettler am Wege, Bartimäus, der Sohn des Timäus. 47 Und als er hörte, dass es Jesus von Nazareth war, fing er an zu schreien und zu sagen: Jesus, du Sohn Davids, erbarme dich meiner! 48 Und viele fuhren ihn an, er sollte schweigen. Er aber schrie noch viel mehr: Du Sohn Davids, erbarme dich meiner! 49 Und Jesus blieb stehen und sprach: Ruft ihn her! Und sie riefen den Blinden und sprachen zu ihm: Sei getrost, steh auf! Er ruft dich! 50 Da warf er seinen Mantel von sich, sprang auf und kam zu Jesus. 51 Und Jesus antwortete ihm und sprach: Was willst du, dass ich für dich tun soll? Der Blinde sprach zu ihm: Rabbuni, dass ich sehend werde. 52 Und Jesus sprach zu ihm: Geh hin, dein Glaube hat dir geholfen. Und sogleich wurde er sehend und folgte ihm nach auf dem Wege.

Wir nehmen uns etwas Zeit für die Geschichte und fühlen uns in die Personen ein. Wir halten nach der Nennung einer Person jeweils etwas Stille, damit jede*r sich einfühlen kann, und tauschen uns dann in der Runde darüber aus.

Der blinde Bartimäus
- Stille
- Gespräch

Timäus, sein Vater, denn »Bartimäus« bedeutet Sohn des Timäus
- Stille
- Gespräch

Die vielen
- Stille
- Gespräch

Jesus
- Stille
- Gespräch

Der sehende Bartimäus
- Stille
- Gespräch

Jede Person in der Geschichte repräsentiert einen Aspekt von uns selbst, eine Gabe oder ein Defizit.

[Alternativen:
- *Dies kann auch als Bibliodrama oder Bibliolog umgesetzt werden.*
- *Mit dieser Station kann ein eigener Pilgerweg gestaltet werden. Eine der biblischen Personen wird pro Etappe zunächst in Stille betrachtet. Dann tauschen sich jeweils zwei Personen oder alle gemeinsam darüber aus.]*

3. Station

Bei blinden Menschen sind die anderen Sinne oft besonders gut ausgebildet, damit sie Funktionen der Augen teilweise übernehmen können.

Impuls
Wir suchen hier in der Natur einen Duft – eine Pflanze oder etwas, das in der Luft liegt. Wir tauschen uns zu zweit darüber aus, was dieser Geruch bei uns auslöst und welche inneren Bilder entstehen.

4. Station

Bartimäus kann als Blinder nicht arbeiten und Geld verdienen. Er ist auf Almosen angewiesen – ein Bettler.

»Wir sind Bettler, das ist wahr«, das waren die letzten Worte Martin Luthers. Das ist nicht abfällig gemeint. Es ist eine Feststellung und bezieht sich auf unser Sein vor Gott. Mit leeren Händen stehen wir vor ihm. Wir leben von dem, was er uns geschenkt hat, von seinen milden Gaben, von der Zuwendung Gottes und unserer Mitmenschen.

Impuls
Wo/wann bin ich für die Zuwendung anderer besonders dankbar?

Wir gehen eine Weile schweigend, dann tauschen wir uns aus.

5. Station

Bartimäus bettelt um »Almosen« – das kommt aus dem Griechischen und bedeutet »Barmherzigkeit«. Wer Jesus um Erbarmen bittet, verfügt über eine spezielle Sehschärfe, denn Jesus kann in besonderer Weise Almosen geben, das heißt seine Barmherzigkeit erweisen. Bartimäus schreit seine Bitte. Es gibt viel zu hören in dieser Geschichte eines Blinden. Jesus, erbarme dich meiner!

Die Kirchenväter haben den Ruf des Bartimäus als sogenanntes »Herzensgebet« aufgenommen, ständig wiederholt und vor sich hin gesprochen.

Konkreter muss ich gar nicht bitten. Bartimäus ruft nicht: »Mach mich sehend!« Er ist offen für das, was er bekommt.

Jesus weiß, welches Erbarmen wir brauchen, manchmal besser als wir selbst. Vielleicht zeigt sich uns beim Rufen, was das sein könnte.

Impuls
Wir legen den Gebetsruf auf den Rhythmus unserer Schritte, unseres Atems und unseres Herzschlags. Er soll uns ganz durchdringen: »Jesus, erbarme dich meiner.«

6. Station

Bartimäus sieht Jesus nicht. Auch wir sehen ihn nicht. Der Blinde ahnt nicht, wie nah Jesus ihm ist. Das geht uns wahrscheinlich auch manchmal so. Bartimäus schreit, schreit laut, als sei Jesus ganz fern. Doch die Ferne ist nur in ihm. Er überwindet sie mit seinem Schrei.

Jesus scheint vorbeizugehen, aber er hört Bartimäus, bleibt stehen, ruft ihn. Ein wechselseitiges Rufen. Jesu Ruf setzt in dem Bettler Energie frei. Er springt auf und aus der Opferhaltung heraus. Er wirft seinen Mantel ab, der ihm als Schutzhülle diente, vielleicht auch als Versteck, weil er sich schämte. Er steht da, wie er ist. Unverhüllt steht er vor Jesus, berührbar von Gott und den Menschen.

Impuls
- Gibt es etwas, was ich ablegen will? Vielleicht dient es mir als Schutz, aber es verdeckt mich auch.
- Vielleicht könnte ich mich zumindest vor Jesus unverhüllt zeigen?

Das bedeutet aber gleichzeitig, mich selbst zu sehen als die Person, die ich bin: hilfsbedürftig, abhängig, energiegeladen, verschämt, sprungbereit.

In Stille gehen wir weiter.

7. Station

Impuls
Blindenführung
Tut euch zu zweit zusammen. Eine*r schließt die Augen, die/der andere führt. Ihr könnt euch ein Stöckchen nehmen (nicht zu groß) und jede*r fasst es an einem Ende an. Ihr könnt euch auch die Hand geben, die Hand auf die Schulter des/der anderen legen oder den Ellenbogen fassen. Einigt euch so, dass es für beide stimmig ist.

Wir gehen ohne Eile. Ihr könnt euch unterhalten oder das Geführtwerden still genießen.

Nach fünf Minuten gebe ich ein Zeichen. Dann tretet aus den jeweiligen Rollen heraus. Tauscht euch kurz aus, bedankt euch und wechselt die Rollen.

Wir tauschen uns kurz in der großen Runde aus: Wie ist es mir ergangen als Geführte*r, als Führende*r?

8. Station

Jesus fragt: »Was willst du, dass ich dir tun soll?«
 Er fragt es mich – jede*n Einzelne*n von uns.
 Was will ich eigentlich? Und will ich es Jesus zumuten und anvertrauen?
 Es wirkt fromm, zu sagen: »Dein Wille geschehe.« Aber sage ich damit vielleicht auch: »Ich habe mich in meiner Blindheit ganz gut eingerichtet« oder: »Es geschieht sowieso nichts«?

Impuls
Was will ich? Überlegt es euch konkret. Denkt nicht zu groß und nicht zu klein.
- Was will ich für mein weiteres Leben?
- Was will ich, dass Jesus mir tun soll?

Geht in der Stille, jede*r für sich.

Diese Schweigephase beenden wir mit einem Lied.

► Lied: Gib uns Ohren, die hören und Augen, die sehn
(Das Kindergesangbuch 195)

9. Station

Bartimäus wird sehend. Das ist auch ein bildlicher Ausdruck für glaubend. Er folgt Jesus nach.

Wir machen jetzt eine Sehübung. Wir nehmen ein Blatt Papier (DIN A5 ist ausreichend) und falten es in der Mitte. An der Knickkante reißen wir einen kleinen Halbkreis heraus. Wir klappen das Papier auf. Das Loch, das in seiner Mitte entstanden ist, dient uns als Fokus. Wir schauen hindurch und konzentrieren unseren Blick.

Impuls
- Ich sehe Jesus vor mir hergehen und mir den Weg zeigen. Er bahnt den Weg durch das Gestrüpp des Lebens.
- Ich sehe Jesus vor mir stehen mit ausgebreiteten Armen und mich erwarten.

Das stelle ich mir konkret vor, fokussiere mich darauf, entwickele Bilder und blende andere aus.

Jesus folgen, auf ihn zugehen oder Abstand halten?

10. Station

Wir sind zu unserem Ausgangspunkt – der Kirche – zurückgekehrt. Im Eingangsbereich nehmen wir die Kerzen wieder auf, zünden sie an und ziehen singend in die Kirche ein.

► Lied: Christus, dein Licht verklärt unsere Schatten (Taizé, freiTÖNE 248) / Meine Hoffnung und meine Freude (Taizé, freiTÖNE 43) / Gottes Wort ist wie Licht in der Nacht (Taizé)

Wir bilden einen Kreis um den Altar.

Was wir auf dem Weg gesehen haben, legen wir in Gedanken auf den Altar. Etwas von dem, was wir dort ablegen, benennen wir laut. Dadurch nimmt es Gestalt an, prägt sich besser ein, entfaltet größere Wirkung bei uns selbst und bei den anderen.

- Lied: Meine Hoffnung und meine Freude (freiTÖNE 43)

Gebet
Herr,
dir vertrauen wir an, was uns bewegt.
Was wir hier vor dich auf den Altar gelegt haben,
wandle in Segen.
Hilf uns anzunehmen, was daraus wird.
Lass uns die Augen nicht verschließen
vor dem Erbarmungswürdigen.
Du, alles in allem,
du in uns,
wir in dir.
Amen.

- Sanctus, sanctus, sanctus Dominus (Taizé, EG NB 656)
- Vaterunser
- Einsetzungswort Brot (z. B. EG NB 09, s. 1. Korinther 11,23–24)
- Austeilung Brot
- Einsetzungswort Wein (z. B. EG NB 09, s. 1. Korinther 11,25)
- Austeilung Kelch

Dankgebet
Wir danken dir, erbarmender Gott,
für diesen Tag und dieses Abendmahl in Gemeinschaft.
Bleibe bei uns und bei allen,
die zu dir rufen.
Sättige uns alle mit deiner Liebe.
Amen.

- Lied: Meine Hoffnung und meine Freude (freiTÖNE 43)
- Segen

Große Stille | Matthäus 8,23–27

1. Station

Wir treffen uns hier, um uns auf den Weg zu machen, miteinander und mit Jesus und seinen Jüngern.

Für die erste Wegstrecke konzentrieren wir uns auf das, was auf dem Weg zu hören ist: Vögel, rauschende Bäume, unsere Schuhe und Kleidung, Atem, Autos und Eisenbahn in der Ferne, Kirchenglocken und Sirenen und alles, was hörbar wird, wenn wir selbst still sind.

Wir nehmen wahr, welche Resonanz das Gehörte in unserem Innern findet. Was löst das Geräusch aus, welche Erinnerungen, Gefühle, Bilder? Was spricht daraus zu mir? Möglicherweise kann ich es Gott anvertrauen.

2. Station

Wir tauschen uns zu zweit über das Gehörte und Wahrgenommene aus.

3. Station

Wir stellen uns im Kreis auf und lesen den Bibeltext. Kann eine*r den Text vorlesen?

Matthäus 8,23–27

23 Und er stieg in das Boot und seine Jünger folgten ihm. 24 Und siehe, da war ein großes Beben im Meer, sodass das Boot von den Wellen bedeckt wurde. Er aber schlief. 25 Und sie traten zu ihm, weckten ihn auf und sprachen: Herr, hilf, wir verderben! 26 Da sagt er zu ihnen: Ihr Kleingläubigen, warum seid ihr so furchtsam?, und stand auf und bedrohte den Wind und das Meer; und es ward eine große Stille. 27 Die Menschen aber verwunderten sich und sprachen: Was ist das für ein Mann, dass ihm Wind und Meer gehorsam sind?

Der Sturm kann ein Bild sein für inneres Aufgewühltsein oder für das Durcheinander der Umstände.

Impuls
Gab es Momente in eurem Leben, wo ihr euch wie auf einem Boot im Sturm gefühlt habt?
Geht und wendet dieses Bild auf euch selbst an.

4. Station

Vielleicht kennt ihr das Gefühl: Jesus schläft. Er kümmert sich nicht um meine (Seelen)Not. Ich bin hilflos und nicht einmal Gott hilft.

Die Jünger schreien und machen Jesus Vorwürfe. Im Grunde ist es ein Hilfeschrei, ein Stoßgebet, eine Klage. Sagt ihr Gott, wenn ihr euch über ihn ärgert – auch wenn es nicht so lebensbedrohlich ist wie in einem Sturm? Habt ihr ihm schon einmal Vorwürfe gemacht? Oder ist das für euch tabu? Haltet ihr ihn aus euren schlechten Erfahrungen heraus?

Impuls
Ihr habt nun ausreichend Zeit zum Nachdenken:
- Was möchte ich Gott klagen?
- Wo fühle ich mich von ihm nicht beachtet, nicht unterstützt?
- Wo bin ich enttäuscht, weil er nicht einschreitet?

5. Station

Jesus sagt zu den Jüngern: »Ihr Kleingläubigen.«

Impuls
Überlegt, wann euer Glaube verschwindend klein war oder der Kontakt zu Gott ganz verschwunden war.

6. Station

Jesus hat den Sturm und die Wellen, und ihre Macht bedroht: »Schweig! Verstumme!« (Markus 4,39) Es entsteht eine große Stille.

Plötzlich und unerklärlich kehrt Stille ein. Alle staunen, aber fürchten sich gleichzeitig. Das gehört dazu, wenn Menschen dem göttlichen Wirken begegnen.

Impuls
Lasst Jesus in euer Inneres zu dem, was euch beunruhigt, Sorgen macht, sagen: »Schweig! Verstumme!«

Spürt der Stille auf dem See nach. Vielleicht könnt ihr sie in euch selbst finden. Hat Jesus auch in euch etwas zum Schweigen gebracht?

7. Station

Wir bilden einen Kreis.

Wir schauen in die Mitte, blicken einander nicht an. Oder wir schließen die Augen und bleiben still.

In Gedanken gehen wir den heutigen Weg noch einmal nach:

Wir sehen
- die Landschaft, durch die wir gegangen sind,
- die Menschen, mit denen wir gegangen sind.
► Stille
Wir hören die Geräusche
- der Natur,
- der Stadt,
- der Lieder und Worte.
Wir hören die Stille.
► Stille
Wir spüren
- Wind und Sonne,
- den Boden,
- unseren Körper: Schmerz, Entlastung, Puls, Atmung, die Füße, die Knie, den Rücken, die Schultern.

- Stille
  Wir bedenken,
  - was wir erkannt haben,
  - welche Fragen bleiben.
- Stille
  Wir empfinden
  - Stolz, den Weg gemeistert zu haben,
  - Dankbarkeit,
  - ein anderes Gefühl.
- Stille
  Alles, was uns heute begegnet ist, vertrauen wir Gott an.
- Stille
- Vaterunser
  Segen
  Es segne und behüte uns an diesem Abend
  der allmächtige und barmherzige Gott,
  der Vater, der Sohn und der Heilige Geist.
  Amen.

Höhenunterschiede | Lukas 19,1–9

1. Station

Wir stellen uns im Kreis auf.

- Begrüßung
- Lied: Morgenlicht leuchtet (EG 455)

Heute gehen wir einen Weg mit Zachäus, dem Zöllner. An sieben Stationen erschließen wir uns schrittweise – auch im wörtlichen Sinn – diese Geschichte. Mit ihr gehen wir nicht nur einen äußeren, sondern auch einen inneren Weg. Dabei werden wir viel schweigen.

Impuls
Bis zur nächsten Station finden wir uns ins Schweigen ein. Dazu hilft es, auf den Atem zu achten, ohne ihn zu beeinflussen, ihn zu spüren, wie er kommt und geht, und darüber zu staunen.

Dann weiten wir die Sinne: Sehen, Hören, Tasten, Riechen und Schmecken. Konzentriert euch nacheinander auf einen Sinn und nehmt alles genau wahr. Wertet nicht. Nehmt nur wahr – alles, auch das, was euch normalerweise nicht gefällt. Nehmt einfach wahr, dass es da ist, und lasst es da sein.

Gedanken, die kommen, schauen wir an, grüßen sie freundlich, wie flüchtige Bekannte, und lassen sie wieder ziehen. Wenn uns Menschen begegnen, tun wir dasselbe: freundlich nicken und weiterziehen lassen.

Wir halten uns offen und empfangsbereit für das, was Gott uns sagen und zeigen will. Wir lassen uns beschenken.

Pilgersegen
Gott,
segne unseren Weg.
Im Schweigen lass uns auf dich hören,
im Gehen deiner Weisung folgen.
Segne und behüte uns,
leite und begleite uns.
Sei bei uns mit deinem Frieden
im Aufbrechen und Heimkehren,
Gott, Vater, Sohn und Heiliger Geist.
Amen.

▶ Lied: Schweige und höre (freiTÖNE 2)

Ich gehe vor und wir bleiben auf Sichtweite zusammen. Wer mich überholt, wartet an der nächsten Weggabelung.

2. Station
Der Bibeltext wird ausgeteilt.

In der Geschichte von Zachäus ist viel vom »Sehen« die Rede. »Siehe«, heißt es am Anfang. Dieser Aufforderung kommen wir nach. Wir lassen beim Hören des Textes Bilder entstehen. Wir sehen uns am Ort des Geschehens um.

Wir lesen den Bibeltext. Reihum liest jede*r einen Vers.

Lukas 19,1–9
1 Und Jesus ging nach Jericho hinein und zog hindurch. 2 Und siehe, da war ein Mann mit Namen Zachäus, der war ein Oberer der Zöllner und war reich. 3 Und er begehrte, Jesus zu sehen, wer er wäre, und konnte es nicht wegen der Menge; denn er war klein von Gestalt. 4 Und er lief voraus und stieg auf einen Maulbeerfeigenbaum, um ihn zu sehen; denn dort sollte er durchkommen. 5 Und als Jesus an die Stelle kam, sah er auf und sprach zu ihm: Zachäus, steig eilend herunter; denn ich muss heute in deinem Haus einkehren. 6 Und er stieg eilend herunter und nahm ihn auf mit Freuden. 7 Da sie das sahen, murrten sie alle und sprachen: Bei einem Sünder ist er eingekehrt. 8 Zachäus aber trat herzu und sprach zu dem Herrn: Siehe, Herr, die Hälfte von meinem Besitz gebe ich den Armen, und wenn ich jemanden betrogen habe, so gebe ich es vierfach zurück. 9 Jesus aber sprach zu ihm: Heute ist diesem Hause Heil widerfahren.

Impuls
Wir versetzen uns in die Geschichte. Wir schauen uns in ihr um, als ob alles neu und unbekannt wäre. Wir kennen den Ort und die Menschen nicht, nicht ihre Namen, nicht die Begrifflichkeiten. Wir schauen uns das alles an, als ob wir es noch nie gesehen hätten. Wir ordnen nicht ein und deuten nicht. Wir lassen uns überraschen. Wir nehmen neu wahr.

Wir gehen schweigend.
    Nach zehn Minuten gebe ich ein Zeichen.

Tut euch zu zweit zusammen und tauscht euch über das aus, was ihr gesehen und entdeckt habt.

3. Station

Zachäus ist ein Eigenname. Nicht alle Personen in Jesusgeschichten haben Namen. Manchmal haben sie nur Typenbezeichnungen, z. B. ein Zöllner, ein Pharisäer, eine Frau. Hier begegnet uns ein Einzelner mit einem Eigennamen. Das erleichtert die Identifikation.

Wir setzen unseren eigenen Namen ein. Die Geschichte handelt von jedem*r Einzelnen*r von uns.

Er ist »klein von Gestalt« – auch ich bin es. Die anderen können mir die Sicht verstellen und mich verdecken, sodass ich nicht gesehen werde.

Impuls
- Wo fühle ich mich klein und unterlegen im Vergleich zu anderen, die schöner, klüger, erfolgreicher oder reicher sind?
- Wo bin ich von Natur aus zu kurz gekommen?

4. Station

Möglichst an einer Erhöhung in der Landschaft

Zachäus ist reich, ein Oberzöllner. Das steht in humorvollem Gegensatz zu seiner kleinen Gestalt. Der Humor in der Bibel wird oft unterschätzt! Zachäus steigt auf einen Baum. Will er über die anderen hinwegsehen können?

Geht hinauf auf den Hügel, eine Treppe o. ä. Ihr könnt euch einen Baum aussuchen, euch anlehnen oder sogar hinaufklettern.

Bitte bleibt in Sichtweite. Ihr habt zehn Minuten Zeit. Wenn ich die Hand hebe, gehen wir mit dem »erhabenen« Gefühl weiter.

Impuls
Zachäus steigt auf einen Baum.
- Wo fühle ich mich groß?
- Worin bin ich gut und habe den Überblick?
- Wo erhebe ich mich vielleicht über andere, um mich größer zu fühlen als sie, größer als ich eigentlich bin?
- Was ist mein Baum? Womit mache ich mich groß und wichtig?

5. Station

»Sehen« ist ein zentrales Stichwort in dieser Geschichte. Zachäus will unbedingt Jesus sehen. Das Umgekehrte wird jedoch erzählt: Jesus sieht ihn. Er bleibt da stehen, wo Zachäus gerade ist. Jesus ruft ihn mit seinem Eigennamen.

Impuls
Jesus sieht mich, er kennt mich, ruft mich bei meinem Namen, ruft mich zu sich.

Ich höre, wie Jesus mich ruft. Ich habe im Ohr, wie er meinen Namen ruft. Ich spüre, wie er mich anschaut.

Ihr könnt euch das ganz konkret vorstellen, es ganz wörtlich nehmen, es genau hören und körperlich spüren.

Wir gehen schweigend und hörbereit.

6. Station

Wir denken oft: zu Gott zu kommen, bedeutet, hochzusteigen, an den Himmel zu reichen, sich geistlich und moralisch anzustrengen und zu verbessern. Zachäus erlebt: zu Jesus zu kommen, bedeutet, hinabzusteigen.

Ich brauche den Baum nicht mehr. Ich darf ich selbst sein, ohne künstliche Erhöhung, ohne mich klein fühlen oder groß machen zu müssen.

Es kann entlastend sein, das eigene, menschliche Niveau anzunehmen.

Da will Jesus einkehren – und auch Zachäus hält Einkehr, denn er nimmt ihn mit Freuden auf.

Eine gelungene Begegnung endet in einem Fest, bei dem viele mitfeiern.

Impuls
In der Dankbarkeit und der Freude über mich, die ich mit Jesus teile, gehe ich schweigend.

7. Station

Zachäus – der Name bedeutet »der Gerechte«. Auch in diesem Namen für einen Oberzöllner, einen Oberbetrüger, steckt Humor. Seinem Namen wird er gerecht, als Jesus ihn anblickt. In diesem Blick offenbart sich sein bisheriges Unrecht und er gewinnt unter Jesu Augen Ansehen. Um dem gerecht zu werden, wird er etwas tun, Wiedergutmachung leisten.

Impuls
Kann ich etwas ändern oder wiedergutmachen?
Ich nehme mir eine konkrete Sache vor, die ich anpacken will, wenn ich wieder zu Hause in meinem Alltag bin. Ich bitte Jesus dabei um seine liebevolle Begleitung.

8. Station

Was wir auf dem Weg gefunden haben, legen wir in die Mitte. Wir benennen es laut oder leise. Je konkreter wir es benennen, desto klarer und wirkmächtiger bleibt diese Erfahrung in uns. Auch wer nichts laut ausspricht, sagt sich innerlich ganz genau, was für ihn/sie der Ertrag des Weges ist.

▶ Vaterunser
▶ Lied: Meine Hoffnung und meine Freude (Taizé, freiTÖNE 43)

Das Leben ein Wandern | 5. Mose 2,7

1. Station

Zur Eröffnung äußert jede*r in der Runde sich zu den Fragen:
Wie, in welcher Verfassung, bin ich jetzt hier? Was bewegt mich heute Morgen?
Bedenkt in der Stille für euch: Gibt es ein Thema, das ich auf dem Weg weiter bedenken und ins Gebet nehmen will?

► Stille

Entscheidet euch für ein Thema. Konzentriert euch heute darauf.

► Stille

Legt die anderen Themen ab, die in euren Gedanken aufgetaucht sind. Sucht euch eine Stelle, wo ihr diese Gedanken deponiert – in einem Gebüsch, an einem Baumstamm, auf der Mauer. Dort liegen sie gut. Niemand wird sie wegnehmen. Ihr könnt sie auf dem Rückweg wieder aufnehmen.

► Stille

Ihr könnt mit dem Ablegen auch den Gedanken verbinden, dass ihr sie in Gottes Hand, ihm ans Herz gelegt habt. Wenn ihr die Themen wieder aufgreift – sie sind ja nicht weg – werden sie verändert sein.
Möchtet ihr Gott noch etwas dazu sagen?

► Stille

Jetzt soll es allein ein Thema sein, das euch auf diesem Weg begleitet. Vielleicht bleibt es aber auch nur in eurem Hinterkopf.
Wenn ihr unterwegs merkt, dass es für dieses Thema nicht an der Zeit ist, dann findet eine geeignete Stelle am Weg zum Ablegen. Danach könnt ihr ein anderes Thema aufnehmen oder euch ganz frei und offen auf den Weg einlassen.

Wir gehen ein Stück und finden uns in die Stille hinein. Wir weiten die Sinne und gehen jeden Sinn einzeln durch: Sehen, Hören, Tasten, Riechen, Schmecken. Was nehme ich mit jedem Sinn wahr? Wir nehmen nur wahr und deuten nicht.

Pilgersegen
Der Herr segne uns und behüte uns.
Er öffne uns Herzen und Sinne,
dass wir empfangsbereit sind für das,
was er uns schenken will.
Er begleite uns auf dem Weg
und lasse uns im Frieden heimkehren.
Bei ihm sind unser Anfang und unser Ziel.
Amen.

2. Station

Auf dem Weg begleitet uns ein Wort aus dem 5. Buch Mose. Diesen Vers könnt ihr mit dem Thema konfrontieren, das ihr euch für heute vorgenommen habt. Oder ihr hört das Bibelwort ganz unvoreingenommen und lasst euch überraschen, was es in euch bewirkt.

Ich lese es einmal in normalem Tempo und dann zwei Mal ganz langsam vor.

5. Mose 2,7
Denn der HERR, dein Gott, hat dich gesegnet in allen Werken deiner Hände. Er hat dein Wandern durch diese große Wüste auf sein Herz genommen. Vierzig Jahre ist der HERR, dein Gott, bei dir gewesen. An nichts hast du Mangel gehabt.

Impuls
Geht mit dem, was von diesem Vers besonders bei euch hängen geblieben ist: ein Wort (vielleicht sogar eins, das gar nicht darin vorkommt), ein Bild, ein Gefühl, eine Frage.

Wir gehen schweigend.

3. Station
Der Vers wird ausgeteilt (auf kleinen Karten).

Impuls
Bezieht nach und nach jedes Wort, jeden Versteil auf euch selbst.
Der Vers spricht direkt zu euch. Ihr selbst seid das Du.

Wir gehen schweigend.

4. Station
Gegebenenfalls in einer Kirche.

- Hinführung Abendmahl
- Sanctus: Du bist heilig, du bringst Heil (freiTÖNE 153)
- Vaterunser
- Einsetzungswort Brot (z. B. EG NB 09, s. 1. Korinther 11,23-24)
- Austeilung Brot
- Einsetzungswort Wein (z. B. EG NB 09, s. 1. Korinther 11,25)
- Austeilung Kelch
- Dankgebet
- Lied: Im Frieden dein (EG 222)

Wir gehen zurück zu unserem Ausgangspunkt.

Wir gehen »im Frieden dein« und genießen in der Stille den »Nachgeschmack« des Abendmahls. Wir erinnern uns: »An nichts hast du Mangel gehabt.«

5. Station
Tut euch zu zweit oder dritt zusammen und tauscht euch über die Frage aus: Wie ist Gott auf dem Weg bei mir gewesen?

Wir bilden einen Kreis.

Etwas von dem, was ihr miteinander besprochen habt, könnt ihr mit allen teilen und laut sagen.

Den Segen empfangen wir und geben ihn uns gegenseitig weiter. Unserem rechten Nachbarn legen wir die rechte Hand auf die Schulter. Die linke Hand halten wir nach oben geöffnet in die Mitte.

Segen
Gott segne uns,
er lasse uns behütet heimkehren.
Er segne unser Weiterwandern.
Er segne die Werke unserer Hände.
Er lasse uns an nichts Mangel haben.
Es segne uns
und alle, die uns verbunden sind,
der allmächtige und barmherzige Gott,
Vater, Sohn und Heiliger Geist.
Amen.

Gehhilfe – Ein Weg durch die Stadt | Markus 2,1–12

1. Station
Treffpunkt z. B. an einer Kirche.

Wir gehen einen Pilgerweg. Dafür brauchen wir etwa anderthalb Stunden. An sieben Stationen machen wir zwischendurch Halt für einen Impuls.

Wir gehen mit einer biblischen Geschichte schweigend durch die Stadt. Das ist eine besondere Herausforderung. Hier begegnen uns viele Menschen, Geräusche und andere Reize. Das macht es schwierig, still zu werden und sich zu besinnen. Wir stellen uns der Herausforderung und neuen Entdeckungen.

Als Pilger*innen nehmen wir alles neu wahr. Pilgernd gehen wir in einem anderen Modus durch die bekannten Straßen. Diesmal gehen wir nicht, um noch schnell etwas zu besorgen, pünktlich den Zug zu erreichen oder mit der Vorbereitung auf den Arbeitstag im Kopf.

Impuls
Zur Einübung nehmen wir bewusst wahr, was uns in der Stadt umgibt.
- Wir sehen uns die bekannte Umgebung genau an, als sähen wir sie zum ersten Mal: Farben, Formen, Hässliches, Lebewesen, Vegetation im Straßenpflaster, Glitzerndes und Graues.
- Wir hören: Autos, Worte, Kirchenglocken, Vögel.
- Wir spüren: Kopfsteinpflaster, Nähe und Entfernung der anderen, einen Luftzug, Sonnenstrahlen.
- Wir riechen: Abgase und Kaffeearoma aus einer Bäckerei.
- Vielleicht schmecken wir sogar etwas.

Wir deuten das Wahrgenommene nicht, denken möglichst nicht darüber nach, sondern nehmen nur wahr. Das ist gar nicht so einfach. Immer wieder neu versuchen wir es. Vieles versucht uns abzulenken. Wenn Gedanken kommen, schicken wir sie freundlich weg und nehmen nur wahr.

Wir bleiben zusammen, besonders an Ampeln und beim Überqueren von Straßen.

► Lied: Unsere Augen sehn stets auf den Herren (Taizé: Oculi nostri, EG NB 789.5)

Pilgersegen
Gott,
segne unseren Weg durch diese Stadt.
Segne unsere Augen,
dass wir dich in allem erkennen.
Im Vertrauen auf dich
lass uns alle Wege unseres Lebens bestehen.
Leite und begleite uns.
Amen.

2. Station

Wir lesen (mit verteilten Rollen) den Bibeltext, der diesen Weg mitgeht.

Markus 2,1–12

1 Und nach etlichen Tagen ging er wieder nach Kapernaum; und es wurde bekannt, dass er im Hause war. 2 Und es versammelten sich viele, sodass sie nicht Raum hatten, auch nicht draußen vor der Tür; und er sagte ihnen das Wort. 3 Und es kamen einige, die brachten zu ihm einen Gelähmten, von vieren getragen. 4 Und da sie ihn nicht zu ihm bringen konnten wegen der Menge, deckten sie das Dach auf, wo er war, gruben es auf und ließen das Bett herunter, auf dem der Gelähmte lag. 5 Da nun Jesus ihren Glauben sah, sprach er zu dem Gelähmten: Mein Sohn, deine Sünden sind dir vergeben. 6 Es saßen da aber einige Schriftgelehrte und dachten in ihren Herzen: 7 Wie redet der so? Er lästert Gott! Wer kann Sünden vergeben als Gott allein? 8 Und Jesus erkannte alsbald in seinem Geist, dass sie so bei sich selbst dachten, und sprach zu ihnen: Was denkt ihr solches in euren Herzen? 9 Was ist leichter, zu dem Gelähmten zu sagen: Dir sind deine Sünden vergeben, oder zu sagen: Steh auf, nimm dein Bett und geh hin? 10 Damit ihr aber wisst, dass der Menschensohn Vollmacht hat, Sünden zu vergeben auf Erden – sprach er zu dem Gelähmten: 11 Ich sage dir, steh auf, nimm dein Bett und geh heim! 12 Und er stand auf und nahm sogleich sein Bett und ging hinaus vor aller Augen, sodass sie sich alle entsetzten und Gott priesen und sprachen: Wir haben solches noch nie gesehen.

So etwas haben auch wir noch nie gesehen – oder?!

So etwas nur von außen zu sehen, ist auch zu wenig. So etwas selbst zu erleben, ist entscheidend. Wir erleben nur etwas mit diesem Bibeltext, wenn wir uns in ihn hineinversetzen, hier also z. B. in den Gelähmten.

Es ist widersprüchlich, sich beim Gehen vorzustellen, gelähmt zu sein. Aber Gelähmtsein kann mehr bedeuten als nur, die Beine nicht bewegen zu können: innerlich unbeweglich zu sein, festgelegt, vielleicht sogar erstarrt, ausgeschlossen von dem Lebensrhythmus, angewiesen auf Hilfe.

Impuls
Fühlt euch hinein in den Gelähmten und in euer eigenes Gelähmtsein.

3. Station

An einem erhöhten Platz, am besten auf einer Treppe.

Jede*r darf sich aus einem Korb einen Stein nehmen.

Impuls
Steigt die Stufen (oder den Anstieg) hinauf. Schaut von oben – von außen – auf euer Leben. Seht genau hin: Was lähmt mich in meinen Beziehungen zu anderen Menschen und zu Gott?

Ich kann nicht auf andere Menschen oder auf Jesus zugehen. Sie sind wie eingemauert, zugedeckt mit Ziegeln. Eine Menge steht vor dem Eingang und hält mich von der Begegnung ab. Menschen, Sachen, Tätigkeiten versperren mir den Zugang.

Geht eure Beziehungen durch. Wo behindern euch Mauern, stoßt ihr an Grenzen oder auf Unverständnis?

Fühlt den Stein in eurer Hand. Verbindet mit dem Stein das Harte, Unzugängliche, Verschlossene in euren Beziehungen.

Ihr habt fünf Minuten Zeit, für euch allein zu gehen, zu stehen oder zu sitzen. Wenn ich die Glocke läute, kommt ihr wieder hier zusammen.

Nach fünf Minuten Glocke läuten und ein Zeichen geben.

4. Station

Steckt den Stein jetzt in die Tasche und lasst ihn dort ruhen.

Wir gehen weiter in der Geschichte. Der Gelähmte wird von vier Personen getragen.

Wer oder was trägt euch?
- Freunde?
- Familie?
- Eine Stärke in euch?
- Der Glaube?

Geht in Gedanken durch, was euch trägt.

5. Station

In einer Grünanlage.

Impuls

Denkt noch einmal an das, was ihr für euch als tragend gefunden habt. Lasst euch in Gedanken davon tragen.

Ihr habt fünf Minuten Zeit, im eigenen Tempo zu gehen, euch gehen zu lassen, euch tragen zu lassen und das vielleicht sogar zu genießen. Ihr seid getragen, ihr braucht nicht darüber nachzudenken. Ihr könnt dem guten Gefühl nachspüren.

Wenn die Glocke läutet, kommt wieder hier zusammen.

Nach fünf Minuten Glocke läuten.

Wir gehen mit diesem getragenen Gefühl weiter. Es soll sich auf dem ungeschützten Weg bewähren und der Stadt standhalten.

6. Station
An einer Straße.

Jesus sagt: »Dir sind deine Sünden vergeben.«
Das ist irritierend. Er sucht keine Erklärung, woher die Lähmung kommt, wer oder was daran schuld ist.
Er gibt keine Tipps: »Mach Sport, ernähre dich gesund, sei ehrlich, teile mit anderen.« Er ermahnt nicht.
Er sagt einfach nur: »Dir sind deine Sünden vergeben.« Das Vergangene soll dich nicht lähmen. Neues fängt an.
»Sünde« verstehen wir oft zu eng, als eine schlechte Tat, beispielsweise eine Lüge. Wir verstehen Sünde moralisch. Aber sie ist umfassender. Sünde ist das, was uns vom Leben trennt und was uns lähmt. Es ist das, was uns von Gott trennt und uns fesselt, sodass wir uns nicht allein befreien können. Jesus sagt, das ist aufgehoben. Als ob er die Fesseln durchschlägt und uns befreit: »Dir sind deine Sünden vergeben. Du bist frei.«

Impuls
Hört, was Jesus sagt, nehmt es wörtlich. Denkt nicht über Ursachen und Verbesserungen nach. Lasst Jesu Worte innerlich laut werden und hört mit dem Herzen: »Dir sind deine Sünden vergeben. Du bist frei.«

Bis zur nächsten Station gehen wir schweigend.

7. Station
An einer Brücke, einem Bach oder Fluss.

Die anderen Personen in der Geschichte hören wir als verschiedene Stimmen in uns.
Die Schriftgelehrten sagen bzw. denken es eigentlich nur: »Das geht nicht, du kannst nicht so einfach vergeben. Schuld ist schwer und muss ernst genommen werden.«
Auch in mir sagt eine Stimme, es ist unverzeihlich. Da ist ein Gedanke, der einen Konflikt immer wieder hochkommen lässt,

der mich nicht schlafen lässt, der mich umtreibt. Ich versuche, mich in Gedanken zu rechtfertigen, und klage mich an.

Jesus sagt, es ist vergeben. Schluss mit den lähmenden Grübeleien. Gib dem Bösen keine Macht.

Impuls
Nehmt euren Stein jetzt aus der Tasche und verabschiedet euch von dem Schweren, Harten, in euch selbst Verschlossenen, für das er steht.

Dann legt ihr ihn ab, irgendwo hier an einem Baum, auf der Wiese, unter der Brücke, auf dem Geländer. Schmeißt ihn ins Wasser oder einfach weit weg. Je nachdem, ob ihr viel Kraft braucht, viel Aggression damit verbunden ist oder eher Trauer oder Scham.

Hierfür habt ihr fünf Minuten Zeit. Wer fertig ist, kommt langsam auf die Brücke.

Nach fünf Minuten Glocke läuten.

8. Station
Auf einer Brücke.

Jetzt gehen wir entlastet und erleichtert über die Brücke zu einem neuen Ufer, einem neuen Anfang. Wir betreten Neuland.

Jesus sagt: Nimm dein Bett und geh, geh in dein Leben, geh zu den Menschen, ohne Angst vor der Begegnung, geh mit Gott ins Gespräch.

Impuls
Schaut euch dieses Neuland für euch selbst an.

Vielleicht betrachtet ihr noch einmal die Beziehungen, an die ihr am Anfang gedacht habt. Hat sich etwas verändert? Ist etwas leichter geworden? Auf welche (neue) Begegnung freut ihr euch?

9. Station

Am Ausgangspunkt; an oder in einer Kirche.

- Lied: Geh unter der Gnade (Kommt, atmet auf 0116)
- Austauschrunde
- Vaterunser
- Segen

Gefunden | Lukas 15,8–10

1. Station

- Begrüßung

- Lied: Vom Aufgang der Sonne (EG 456, GL 415)

Wir begeben uns auf dem Pilgerweg mit einer kleinen biblischen Geschichte in eine Suchbewegung.

Zunächst gehen wir zu zweit. Tut euch mit jemandem zusammen, dem ihr vertraut. Tauscht euch darüber aus, wonach ihr im Leben auf der Suche seid, wonach ihr Sehnsucht habt.

Gottes Segen begleite unsere Suchbewegung.

Pilgersegen
Gott,
sei bei uns auf dem Weg.
Verbinde uns zu einer Gemeinschaft,
die einander beisteht unterwegs im Leben.
Führe uns dahin,
wo unsere Sehnsucht Erfüllung findet.
Bleibe bei uns in deiner Treue.
Amen.

2. Station
Wir bilden einen Kreis und hören auf ein biblisches Gleichnis.

Lukas 15,8–10
8 Welche Frau, die zehn Silbergroschen hat und einen davon verliert, zündet nicht ein Licht an und kehrt das Haus und sucht mit Fleiß, bis sie ihn findet? 9 Und wenn sie ihn gefunden hat, ruft sie ihre Freundinnen und Nachbarinnen und spricht: Freut euch mit mir; denn ich habe meinen Silbergroschen gefunden, den ich verloren hatte. 10 So, sage ich euch, ist Freude vor den Engeln Gottes über einen Sünder, der Buße tut.

Wir gehen zu zweit und tauschen uns über den Text aus.

3. Station
Der Groschen kann das Vertrauen in das Leben und in Gott symbolisieren. Habe ich dieses Vertrauen oder habe ich es verloren?

Bin ich sicher, dass der Groschen da ist, und suche ihn? Vielleicht ist er nur gerade nicht sichtbar, sodass er mir nichts nützt. Habe ich das Gefühl, ich muss ihn selbst herstellen? Einen Groschen prägen kann ich nicht, aber ich kann den alten suchen. Weiß ich, wie er aussieht und sich anfühlt?

Weiß ich, was mir fehlt?

Zu wissen, was mir fehlt, ist der erste Schritt. Denn das bedeutet, mich nicht mit dem Falschen oder mit einem Ersatz zufriedenzugeben. Das könnte zur Droge werden und die Seele nicht stärken.

Impuls
Jetzt geht jede*r für sich mit der Frage weiter: Was suche ich in meinem Leben?

4. Station

Impuls
Suche ich wirklich? Oder gebe ich mich – vielleicht resigniert oder träge – damit zufrieden, wie es ist?
  Suche ich wirklich?

Wir gehen schweigend weiter.

5. Station

Impuls
Hier sind noch einige weitere Fragen für die Stille:
- Wo suche ich überall?
- Habe ich Hilfsmittel?
- Gibt es jemanden, der mir bei der Suche hilft und dessen Anregungen ich annehmen kann?

Wir gehen schweigend weiter.

6. Station

Oft ist beim Finden gar nicht so eindeutig, wer genau wen gefunden hat. Habe ich das Gesuchte gefunden oder bin ich vom Gesuchten gefunden worden?

Impuls
- Wie fühlt es sich an, zu finden?
- Wie fühlt es sich an, gefunden zu werden?

Wir gehen schweigend weiter.

7. Station

Im 15. Kapitel des Lukasevangeliums werden drei Gleichnisse »vom Verlorenen« erzählt. Der Wert des Verlorenen steigert sich. Erst wird vom verlorenen Groschen, dann vom verlorenen Schaf und schließlich vom verlorenen Sohn erzählt. Wer sucht hier wen? Wir Menschen sind nicht in erster Linie die Suchenden, sondern die Gesuchten, die Erwarteten.

Wir sind verloren, wenn wir Gott verloren haben. Aber das ist nicht endgültig, denn Gott sucht so intensiv nach uns wie die Frau nach ihrem Groschen. Er hört erst auf, zu suchen, wenn er uns gefunden hat. Dann freut Gott sich und feiert ein Fest.

Impuls
Spürt dem nach, wie Gott intensiv nach euch sucht.
Und kostet seine Freude darüber aus, wenn er euch findet.

Wir gehen schweigend weiter.

8. Station

► Lied: Magnificat (Kanon Taizé)

Wir teilen, was wir auf dem Weg gefunden haben und was uns gefunden hat – an Worten oder Gedanken.

Benennt es konkret in Gedanken und äußert es möglichst laut. So wird es Wirklichkeit, wird bei euch bleiben und begleiten, wird auch die anderen im Kreis bereichern.

Segen
Geht weiter als Suchende.
Gott möge euch finden.
Amen.

Traumweg –
Predigt im Pilgergottesdienst | 1. Mose 28,10–22

Lesung
1. Mose 28,10–22

10 Aber Jakob zog aus von Beerscheba und machte sich auf den Weg nach Haran 11 und kam an eine Stätte, da blieb er über Nacht, denn die Sonne war untergegangen. Und er nahm einen Stein von der Stätte und legte ihn zu seinen Häupten und legte sich an der Stätte schlafen. 12 Und ihm träumte, und siehe, eine Leiter stand auf Erden, die rührte mit der Spitze an den Himmel, und siehe, die Engel Gottes stiegen daran auf und nieder. 13 Und der HERR stand oben darauf und sprach: Ich bin der HERR, der Gott deines Vaters Abraham, und Isaaks Gott; das Land, darauf du liegst, will ich dir und deinen Nachkommen geben. 14 Und dein Geschlecht soll werden wie der Staub auf Erden, und du sollst ausgebreitet werden gegen Westen und Osten, Norden und Süden, und durch dich und deine Nachkommen sollen alle Geschlechter auf Erden gesegnet werden. 15 Und siehe, ich bin mit dir und will dich behüten, wo du hinziehst, und will dich wieder herbringen in dies Land. Denn ich will dich nicht verlassen, bis ich alles tue, was ich dir zugesagt habe. 16 Als nun Jakob von seinem Schlaf aufwachte, sprach er: Fürwahr, der HERR ist an dieser Stätte, und ich wusste es nicht! 17 Und er fürchtete sich und sprach: Wie heilig ist diese Stätte! Hier ist nichts anderes als Gottes Haus, und hier ist die Pforte des Himmels. 18 Und Jakob stand früh am Morgen auf und nahm den Stein, den er zu seinen Häupten gelegt hatte, und richtete ihn auf zu einem Steinmal und goss Öl oben darauf 19 und nannte die Stätte Bethel; vorher aber hieß die Stadt Lus. 20 Und Jakob tat ein Gelübde und sprach: Wird Gott mit mir sein und mich behüten auf dem Wege, den ich reise, und mir Brot zu essen geben und Kleider anzuziehen 21 und mich mit Frieden wieder heim zu meinem Vater bringen, so soll der HERR mein Gott sein. 22 Und dieser Stein, den ich aufgerichtet habe zu einem Steinmal, soll ein Gotteshaus werden; und von allem, was du mir gibst, will ich dir den Zehnten geben.

Predigt

Wir begegnen Jakob auf der Flucht, denn da sind wir ja häufig auch, oder?

Jakob jedenfalls entflieht all dem, was er angerichtet hat. Er, der Zweitgeborene, hat seinem Bruder Esau den Segen weggenommen, den sein Vater nur einmal zu vergeben hat, den Segen für den erstgeborenen Sohn. Esau will ihn deshalb töten. Jakob kann sich zu Hause nicht mehr blicken lassen. Flüchtig und unstet ist er.

Ich begegne im Zusammenhang mit dem Pilgern vielen Menschen, die sagen: »Ich will da mal raus, all das hinter mir lassen, was ich mir zum Teil selbst eingebrockt habe.«

Jede*r betrügt seine/ihre Geschwister um Segen, nimmt mehr für sich, als ihm/ihr zusteht und stellt sich selbst heraus und andere in den Schatten. Schon ist das Beziehungsklima gestört. Also, nichts wie weg: Alleinsein, sich nicht mehr anstrengen, der Erste zu sein, und aushalten müssen, dass der Zweite einen überholt, Ruhe finden.

Jakob ist schuldig und er ist in Not. Er versucht, dem zu entfliehen. Es ist keine Rede davon, dass er – wie manche Pilger*innen – losgeht, um Gott zu suchen oder sich selbst zu finden.

Vielmehr erschrickt Jakob, nachdem Gott im Traum zu ihm gesprochen hat. Gott zu begegnen, kann erschreckend sein für einen, der auf der Flucht vor seiner Schuld ist. Vor sich selbst und vor anderen gelingt es meist ganz gut, zu verbergen, was für Abgründe sich in mir auftun. Aber vor Gott?

Da wird mir klar: Ich habe meinem Bruder Segen weggenommen. Die Verkleidung fällt und ich schäme mich. Ich bin nicht harmlos, ich habe Strafe verdient. Der gestohlene Segen muss mir wieder weggenommen werden. Was wird dann aus mir?

Gott bestraft Jakob nicht. Der Segen des Vaters hat ihm Land zugesagt, also einen Ort, wo er geborgen und zu Hause ist, und er hat ihm Nachkommen zugesagt und damit eine Zukunft. Das ist es, was jeder Mensch braucht. Das hält Gott für jede*n von uns bereit: Ein Zuhause und eine Zukunft. Er weiß, dass wir beides brauchen. Manchmal suchen wir verzweifelt danach, so dringend wie Jakob, der seinem Bruder diese Zusage stiehlt.

Was für ein ärmliches Verständnis von Segen. Gott hat genug für beide. Er straft Jakob nicht, sondern im Gegenteil: Gott bestätigt den Segen, den Jakob gestohlen hat. Er schenkt ihm noch mehr Segen: Du wirst Zukunft haben und ein Zuhause. Ich werde dir beides geben.

Hier ist Bethel (d. h. Haus Gottes). Dabei ist weit und breit kein Haus, geschweige denn ein Tempel, eine Kirche zu sehen. Hier ist freies Feld, ein Stein als Kopfkissen. Dieser wird zum Erinnerungsstein für Jakob: Hier ist mir Gott begegnet, ohne dass ich es erwartet oder darum gebeten hätte.

Der Himmel hat sich über Jakob geöffnet. Gott öffnet seinen Himmel auch über uns, wo und wann er es für richtig hält. Überall und immer kann das geschehen, nicht erst, wenn wir bewusst auf einen Pilgerweg gehen. Auch auf unseren Fluchtwegen, auch wenn wir zu Hause sind und uns trotzdem wie in der Fremde fühlen.

Beim Pilgern machen wir uns bewusst, dass Gott uns überall begegnen kann: Seine Güte reicht, soweit der Himmel ist. Sie umspannt die ganze Welt und ist immer da, egal wie weit wir fliehen.

Beim Pilgern gehen wir unter freiem Himmel. Das macht es leichter, an Gottes himmelweite Güte zu denken. Wir nehmen uns Zeit, Gott zu klagen, dass der Himmel uns so oft verschlossen war. Wir nehmen uns Zeit, uns zu erinnern, wie viel Segen vom Himmel wir schon geschenkt bekommen haben.

Wenn Gott uns segnet, öffnet sich über uns der Himmel: Gott ist mit mir – hier ist Gottes Haus. Ich bin bei ihm zu Hause, sogar wenn ich mein Zuhause verlassen muss. Ich bin bei ihm geborgen, selbst wenn ich schutzlos auf freiem Feld schlafe. Die Erfahrung von Gottes segnender Nähe können wir Pilger*innen überall machen – jede*r ist ein*e Pilger*in, der/die im Leben unterwegs ist.

Auf dem Pilgerweg erleben wir das manchmal intensiver, weil wir wenig anderen Schutz haben. Da merken wir: Es ist nicht die Anerkennung des Chefs, die unser Leben reich macht und uns Zukunft eröffnet. Es ist nicht die Eigentumswohnung, die uns Sicherheit und Geborgenheit gibt. Der Himmel über uns ist das Zelt der Güte Gottes, in dem wir zu Hause sind.

Ein Letztes: Wir sollten uns unbedingt einen Erinnerungsstein in unseren kargen Alltag setzen, der uns an die großen Momente

des geöffneten Himmels erinnert. Vielleicht ein vom Pilgerweg mitgebrachter Stein. Der kann uns immer wieder über uns selbst erschrecken lassen: Ich habe meinen Bruder um Segen betrogen. Und er kann uns erinnern: Gott segnet mich, mit der Zukunft und dem Zuhause, zu dem er mich führt.
Amen.

2.2 Kirchenjahr

Passionsandacht zum Pilgern (mit Abendmahl) | Lukas 24,13–34

Lesung
Lukas 24,13–34

13 Und siehe, zwei von ihnen gingen an demselben Tage in ein Dorf, das war von Jerusalem etwa sechzig Stadien entfernt; dessen Name ist Emmaus. 14 Und sie redeten miteinander von allen diesen Geschichten. 15 Und es geschah, als sie so redeten und einander fragten, da nahte sich Jesus selbst und ging mit ihnen. 16 Aber ihre Augen wurden gehalten, dass sie ihn nicht erkannten. 17 Er sprach aber zu ihnen: Was sind das für Dinge, die ihr miteinander verhandelt unterwegs? Da blieben sie traurig stehen. 18 Und der eine, mit Namen Kleopas, antwortete und sprach zu ihm: Bist du der Einzige unter den Fremden in Jerusalem, der nicht weiß, was in diesen Tagen dort geschehen ist? 19 Und er sprach zu ihnen: Was denn? Sie aber sprachen zu ihm: Das mit Jesus von Nazareth, der ein Prophet war, mächtig in Tat und Wort vor Gott und allem Volk; 20 wie ihn unsre Hohenpriester und Oberen zur Todesstrafe überantwortet und gekreuzigt haben. 21 Wir aber hofften, er sei es, der Israel erlösen werde. Und über das alles ist heute der dritte Tag, dass dies geschehen ist. 22 Auch haben uns erschreckt einige Frauen aus unserer Mitte, die sind früh bei dem Grab gewesen, 23 aben seinen Leib nicht gefunden, kommen und sagen, sie haben eine Erscheinung von Engeln gesehen, die sagen, er lebe. 24 Und einige von denen, die mit uns waren, gingen hin zum Grab und fanden's so, wie die Frauen sagten; aber ihn sahen sie nicht.

25 Und er sprach zu ihnen: O ihr Toren, zu trägen Herzens, all dem zu glauben, was die Propheten geredet haben! 26 Musste nicht der Christus dies erleiden und in seine Herrlichkeit eingehen? 27 Und er fing an bei Mose und allen Propheten und legte ihnen aus, was in allen Schriften von ihm gesagt war. 28 Und sie kamen nahe an das Dorf, wo sie hingingen. Und er stellte sich, als wollte er weitergehen. 29 Und sie nötigten ihn und sprachen: Bleibe bei uns; denn es will Abend werden, und der Tag hat sich geneigt. Und er ging hinein, bei ihnen zu bleiben. 30 Und es geschah, als er mit ihnen zu Tisch saß, nahm er das Brot, dankte, brach's und gab's ihnen. 31 Da wurden ihre Augen geöffnet, und sie erkannten ihn. Und er verschwand vor ihnen. 32 Und sie sprachen untereinander: Brannte nicht unser Herz in uns, da er mit uns redete auf dem Wege und uns die Schrift öffnete? 33 Und sie standen auf zu derselben Stunde, kehrten zurück nach Jerusalem und fanden die Elf versammelt und die bei ihnen waren; 34 die sprachen: Der Herr ist wahrhaftig auferstanden und dem Simon erschienen.

Die Erzählung kann mit verteilten Rollen gelesen oder auch inszeniert werden.

Predigt

Die Emmausgeschichte ist eine Pilgergeschichte. Sie zeigt, was Pilgern sein kann.

»Zwei von ihnen gingen in ein Dorf.«

Sie haben ein gemeinsames Ziel und einen gemeinsamen Ausgangspunkt, sowohl geografisch als auch vom Erlebten: Die Kreuzigung Jesu.

Oft gehen Menschen pilgern, die eine biografische Krise erlebt haben: Arbeitslosigkeit, Tod eines Angehörigen, die eigene Krankheit oder die eines geliebten Menschen.

»Sie redeten miteinander von allen diesen Geschichten.«

Sie versuchen, das gemeinsam Erlebte unterwegs im Gespräch zu verarbeiten. Das tröstet sie.

Auch auf Pilgerwegen tun sich oft Menschen mit denselben Themen zusammen und stärken sich gegenseitig.

»Da blieben sie traurig stehen.«
Sie können nicht weitergehen. Sie sind noch ganz von der Trauer erfüllt. Sie bleiben bei diesem Gefühl stehen. Es ist wichtig, dass sie das Geschehene nicht verleugnen, sondern dazu stehen. Sie haben dann einen Weg zu gehen, bis sie die Trauer hinter sich lassen können.

»Wir hofften, er würde Israel erlösen.«
Enttäuschte Hoffnung kommt zu ihrer Trauer dazu.

»Auch haben uns erschreckt einige Frauen.«
Sie sind von den Begleitumständen des Todes verwirrt. Das ist alles nicht zu fassen. Sie erschrecken auch im Rückblick auf ihre Freundschaft mit dem Gestorbenen.

Pilgern kann eine Zeit sein, den eigenen Gefühlen Raum zu geben, die im Alltag an die Seite gedrängt werden. Unterwegs bekommen Menschen die Zeit und die Ruhe hierzu und vielleicht sogar Gesprächspartner*innen, die sie in ihrer Not verstehen.

Sie fragen einander – Jesus fragt sie, sie fragen ihn: »Bist du der einzige, der nicht weiß …?« – darin liegt auch ein Vorwurf. Indem sie Jesus fragen, richten sie – ohne es zu wissen – die Fragen und Klagen an Gott. Er hört sie, sie haben einen Adressaten.

»Als er ihnen die Schrift öffnete.«
Unterwegs können Pilger*innen die Bibel als Gesprächspartnerin neu entdecken, Geschichten von Menschen, die ähnliche Nöte erlebt haben. Durch die Bibel können sie eine neue Perspektive gewinnen, einen unvertrauten Blick auf ihre Situation werfen.

»Brannte nicht unser Herz?«
Die Jünger werden neu berührt von Gottes Wort.

»Jesus selbst ging mit ihnen.«
Das merken die Jünger aber erst hinterher.

Auch Pilger*innen brauchen Zeit, um zu verarbeiten, was sie erleben, denn das ist möglicherweise sehr intensiv. Sie schreiben Tagebücher oder Berichte, sie erzählen gern, sie suchen den Austausch.

»Sie kehrten zurück nach Jerusalem.«
Die Jünger gehen nach diesem Erlebnis zurück in ihr bisheriges Leben.
Für Pilger*innen ist es oft nicht leicht, in ihren Alltag zurückzufinden und gleichzeitig zu bewahren, was sie auf dem Weg erlebt haben. Da ist es gut, sich mit Gleichgesinnten auszutauschen.

Die anderen Jünger haben Ähnliches mit dem auferstandenen Christus erlebt. Gemeinsam stärken sie sich für ihre Begegnung mit der Welt und den Menschen, die davon noch nichts ahnen.
An diesem Punkt beginnt ein neuer Pilgerweg.
Schön, wenn Pilgern eine Bewegung wie von Jerusalem nach Emmaus ist – äußerlich und innerlich –, vom Ort der Trauer zum Ort der Freude, von der Gottverlassenheit unter dem Kreuz zur Gottesbegegnung im Abendmahl.
Wir können unseren Weg als Christ*innen wie einen Pilgerweg verstehen. Das Ziel ist ein Fest: das gemeinsame Mahl an Gottes Tisch in seinem Reich. Wir sind dort noch nicht angekommen. Wir sind aber dahin unterwegs und halten Rast, indem wir das Mahl in Vorfreude auf das Ziel feiern.

Die Geschichte von den beiden Jüngern auf dem Weg nach Emmaus ist eine Ostergeschichte – aber keine überstürzte, besinnungslose. Erst am Schluss wird fröhlich gefeiert. Bis dahin ist es ein Weg: ein Passionsweg, ein Segensweg, ein Begegnungsweg, ein Besinnungsweg – der Lebensweg eben.
Buen camino! (Spanischer Pilgergruß: »Guten Weg«)
Amen.

Es kann sich die Feier des Abendmahls anschließen.

► Lied: Ich bin das Brot, lade euch ein (freiTÖNE 154)

Fußwaschung – Gründonnerstag

Ankommenden Pilger*innen die Füße zur körperlichen Erholung und Reinigung zu waschen, ist ein Zeichen der Gastfreundschaft und christlichen Nächstenliebe. Es erinnert daran, dass Jesus seinen Jüngern die Füße wusch und damit sowohl einen Sklavendienst als auch eine Hausherrenpflicht verrichtete.

Am Ende eines Pilgertages kann in der Herberge eine Fußwaschung angeboten werden. Am Gründonnerstag kann damit ein Weg beendet werden.

Die Füße einer*s anderen zu waschen, erfordert Feinfühligkeit und etwas Mut, auch für die/den, die/der sich waschen lässt.

Alle stehen oder sitzen in einem Kreis. Wessen Füße gewaschen werden, setzt sich auf einen Stuhl und hält einen Fuß über eine Schüssel. Der Fuß wird von der Person festgehalten, die wäscht. Warmes Wasser wird aus einem Krug über den Fuß gegossen und dieser mit einem sauberen Handtuch abgetrocknet. Danach kommt der zweite Fuß an die Reihe. Zum Abschluss kann ein kurzer Segensspruch, ein Bibelvers oder ein Gebet gesprochen werden.

Kleine Liturgie für eine Andacht mit Fußwaschung

- Im Namen des Vaters und des Sohnes und des Heiligen Geistes. Amen.
- Herr, dein Wort ist meines Fußes Leuchte und ein Licht auf meinem Wege. *(Dies kann auch gesungen werden, z. B. EG NB 785.3)*
- Lesung
  Johannes 13,4–5a
  4 Jesus stand vom Mahl auf, legte seine Kleider ab und nahm einen Schurz und umgürtete sich. 5 Danach goss er Wasser in ein Becken.
- Vorbereitung für die Waschung. Dabei wird gesungen.
- Lied: Ubi caritas et amor (Taizé; EG BT 651)
- Lesung
  Johannes 13,5b
  5 [Jesus] fing an, den Jüngern die Füße zu waschen und zu trocknen mit dem Schurz, mit dem er umgürtet war.

- Lied: Ubi caritas et amor (EG BT 651)
- Waschung der Füße der ersten Gruppe.
- Es wird mit dem Zuspruch abgeschlossen: Gott segne deine Füße auf deinem Weg.
- Lesung
  Johannes 13,6-7
  6 Da kam er zu Simon Petrus; der sprach zu ihm: Herr, du wäschst mir die Füße? 7 Jesus antwortete und sprach zu ihm: Was ich tue, das verstehst du jetzt nicht; du wirst es aber hernach erfahren.
- Waschung der Füße der zweiten Gruppe mit dem abschließenden Zuspruch: Gott segne deine Füße auf deinem Weg.
- Lied: Ubi caritas et amor (EG BT 651)
- Lesung
  Johannes 13,9-10.14
  9 Spricht zu ihm Simon Petrus: Herr, nicht die Füße allein, sondern auch die Hände und das Haupt! 10 Spricht Jesus zu ihm: Wer gewaschen ist, bedarf nichts, als dass ihm die Füße gewaschen werden; er ist vielmehr ganz rein. 14 Wenn nun ich, euer Herr und Meister, euch die Füße gewaschen habe, so sollt auch ihr euch untereinander die Füße waschen.
- Herr, dein Wort ist meines Fußes Leuchte und ein Licht auf meinem Wege. *(Dies kann auch gesungen werden, z. B. EG NB 785.3)*
- Vaterunser
- Segen
  Gehet hin im Frieden des Herrn.

Karfreitag – Was ist hässlich? | Jesaja 52–53

Dieser Pilgerweg dient der Einstimmung auf den Karfreitag sowie der Vorbereitung eines Gottesdienstes und einer Predigt für diesen Tag. Er richtet sich zuerst an diejenigen, die an diesem Tag predigen. Die Impulse können aber auch mit theologisch nicht vorgebildeten Gruppen genutzt werden.

Die Dynamik dieses Pilgerwegs knüpft an den Bibeltext an und ist auf Karfreitag bezogen. Der Ablauf kann für die Liturgie des

Karfreitagsgottesdienstes *auf einem Weg oder in der Kirche genutzt werden. Die Frage nach der Hässlichkeit kann zur Beichte führen, die Verse Jesaja 53,4–5 als Gebet nach der Beichte gesprochen werden.*

1. Station
Wir bilden einen Kreis.

Wir werden jetzt etwa drei Kilometer gehen und dafür etwa eineinhalb Stunden unterwegs sein. An vier Stationen machen wir Halt für einen Impuls, der zum Nachdenken oder zum Austausch auf der dann folgenden Wegstrecke anregt.

Wir nehmen einen Bibeltext mit auf den Weg. Er gehört in den Gottesdienst zum Karfreitag – es ist das vierte und letzte sogenannte »Gottesknechtslied« aus dem Jesajabuch. Dazu wird es keine wissenschaftliche Einleitung und Auslegung geben. Stattdessen erhaltet ihr Anregungen, euch mit dem Text auf einen äußeren Weg zu machen und ihm durch die Impulse auf einem inneren Weg zu folgen. So könnt ihr euch die Verse für Predigt und Gottesdienst erschließen. Die Exegese kann und sollte später am Schreibtisch stattfinden.

Impuls
Auf dem ersten Wegstück könnt ihr euch in den Anlass »Karfreitag« hineindenken.

Tut euch mit jemandem zusammen, mit dem ihr euch bisher wenig oder noch nie unterhalten habt. Tauscht euch zu zweit darüber aus: Wie geht es mir mit Karfreitag?

Denkt nicht gleich an die Gestaltung des Tages mit der Gemeinde, sondern an euer persönliches Erleben, zu dem natürlich auch das berufliche Umfeld gehört.

Am Anfang des Pilgerweges steht der Pilgersegen.

Segen
Gott,
segne unseren Weg mit deinem Wort.
Schenke uns Erkenntnis deines Willens
und deiner Liebe.
Führe und begleite uns auf all unseren Wegen
zum Ziel in Zeit und Ewigkeit.
Amen.

2. Station

Jede*r erhält den Bibeltext.
Es wird laut gelesen, reihum liest jede*r einen Vers.

Jesaja 52,13–14 und 53,2b–10

52,13 Siehe, meinem Knecht wird's gelingen, er wird erhöht und sehr hoch erhaben sein. 14 Wie sich viele über ihn entsetzten – so entstellt sah er aus, nicht mehr wie ein Mensch und seine Gestalt nicht wie die der Menschenkinder [...].

53,2b Er hatte keine Gestalt und Hoheit. Wir sahen ihn, aber da war keine Gestalt, die uns gefallen hätte. 3 Er war der Allerverachtetste und Unwerteste, voller Schmerzen und Krankheit. Er war so verachtet, dass man das Angesicht vor ihm verbarg; darum haben wir ihn für nichts geachtet. 4 Fürwahr, er trug unsre Krankheit und lud auf sich unsre Schmerzen. Wir aber hielten ihn für den, der geplagt und von Gott geschlagen und gemartert wäre. 5 Aber er ist um unsrer Missetat willen verwundet und um unsrer Sünde willen zerschlagen. Die Strafe liegt auf ihm, auf dass wir Frieden hätten, und durch seine Wunden sind wir geheilt. 6 Wir gingen alle in die Irre wie Schafe, ein jeder sah auf seinen Weg. Aber der HERR warf unser aller Sünde auf ihn. 7 Als er gemartert ward, litt er doch willig und tat seinen Mund nicht auf wie ein Lamm, das zur Schlachtbank geführt wird; und wie ein Schaf, das verstummt vor seinem Scherer, tat er seinen Mund nicht auf. 8 Er ist aus Angst und Gericht hinweggenommen. Wen aber kümmert sein Geschick? Denn er ist aus dem Lande der Lebendigen weggerissen, da er für die Missetat seines

Volks geplagt war. 9 Und man gab ihm sein Grab bei Gottlosen und bei Übeltätern, als er gestorben war, wiewohl er niemand Unrecht getan hat und kein Betrug in seinem Munde gewesen ist. 10 Aber der HERR wollte ihn also zerschlagen mit Krankheit. Wenn er sein Leben zum Schuldopfer gegeben hat, wird er Nachkommen haben und lange leben, und des HERRN Plan wird durch ihn gelingen.

Impuls
Hässlich, verachtet und unwert im Superlativ ist dieser Gottesknecht.
   In welchen Situationen erlebe ich mich als hässlich und verachtenswert – ästhetisch und moralisch?

Auf dem nächsten Wegstück geht jede*r für sich und im Schweigen.

3. Station
Es ist für eine*n Prediger*in eine Herausforderung, als Christ*in – gar am Karfreitag – mit alttestamentlichen Texten umzugehen. Das Neue Testament überträgt das Gottesknechtsprädikat direkt auf Christus (z. B. Matthäus 8,17, Apostelgeschichte 8,32–33). Da es aber hier nicht um homiletische Theorie gehen soll, erlauben wir uns wie Matthäus, die dem Gottesknecht zugeschriebenen Eigenschaften auf Christus zu beziehen.

Impuls
Ich denke an die eben meditierten Situationen und stelle mir vor, Jesus sei in einer solchen Lage, er sei an meiner Stelle.

4. Station

Schönheit – auch moralische? – liegt bekanntlich im Auge des Betrachters. Es ist entscheidend, ob die Augen wohlwollend auf ihren Gegenstand oder auf ihr Gegenüber gerichtet sind.

Wir machen uns den liebevollen Blick Gottes zu Eigen. Jede*r schaut mit Gottes Augen noch einmal auf das, was sie/er an sich als hässlich, verachtenswert, unwert empfunden hat.
Betrachtet euch selbst mit liebevollen Augen. Das ist nicht immer leicht. Wer sich selbst nicht so anschauen kann, geizt auch anderen gegenüber damit. Wenn wir diesen liebevollen Blick auf uns selbst üben und genießen, werden wir ihn auch auf andere richten und anderen gönnen.

Impuls
Ganz körperlich erspüren wir den liebevollen Blick Gottes auf uns selbst. Können wir ihn genießen?

5. Station

Es ist nicht eindeutig, wer mit dem Gottesknecht gemeint ist. Dazu gibt es immer neue Thesen. Der Text und dieses Bild sind offen für Zuschreibungen. Das war bei den Autoren und Redaktoren des Jesajabuches offensichtlich beabsichtigt. Diese Deutungsoffenheit nutzen wir jetzt.

Impuls
- Finde ich mich wieder in Gottes Knecht, wie er hier beschrieben wird?
- Oder kann ich mich auf andere Weise als Gottes Knecht oder Magd sehen – als jemand, der/die Gott und seinem Willen dient?

6. Station

»Siehe, meinem Knecht wird's gelingen, er wird erhöht und sehr hoch erhaben sein.« (Jesaja 52,13)

Wir stellen uns im Kreis auf.

Möglicherweise ist euch etwas klar geworden und ihr habt einen neuen Zugang – beim Gehen im wahrsten Sinne des Wortes – gewonnen. Diesen könnt ihr jetzt einander mitteilen.

Die Austauschrunde erfolgt in zwei Schritten:
- Zunächst nennen wir unsere persönlichen Erfahrungen auf dem Weg.
- Danach teilen wir theologische Erkenntnisse und Ideen für Predigt und Liturgie.

Bitte achtet darauf, die Reihenfolge einzuhalten!

Gebet
Gott,
dein Wort geht mit uns
und erschließt sich uns
auf Schritt und Tritt neu und persönlich.
Dafür danken wir dir
und darum bitten wir dich
in dieser Passionszeit.
Amen.

Emmausweg in der Osternacht

Ein Emmausweg kann am Karsamstag gegangen werden, auch als Nachtwanderung oder Frühmorgenspaziergang auf Ostern zu.

Durch die Osternacht zum Ostermorgen kann auch mit Stationen zu den altkirchlichen Lesungen gegangen werden, ebenso mit einer Tauferinnerung oder einer Taufe an einem Wasser. Am Friedhof kann die Osterkerze angezündet werden, zum Schluss in der Kirche Abendmahl gefeiert und mit einem Osterfrühstück geendet werden.

1. Station

Wir stehen im Kreis.
Eventuell wird Lukas 24,13–34 gelesen (s. o. S. 95 f.).
Wir gehen einen Pilgerweg auf den Ostermorgen – auf die Auferstehung – zu.

Jede*r nimmt sich einen Stein aus diesem Korb.
Es sind immer zwei in Farbe und Form gleiche Steine vorhanden. Die beiden mit dem jeweils gleichen Stein finden sich zusammen.

Impuls
Der Stein erinnert an die Versiegelung des Grabes Jesu. Einige Frauen haben gesagt, der Stein sei weggewälzt.

Geht zu zweit für zehn Minuten schweigend nebeneinander her.
Ich gebe ein Signal, wenn das Schweigen zu Ende ist.

Klangsignal

2. Station

Impuls
Geht zu zweit weiter und tauscht euch aus: Wie habt ihr euch gefühlt?
– Was ist in euch an Gedanken, Bildern, Erinnerungen, Fragen aufgestiegen?

Klangsignal

3. Station

Impuls
Geht erneut zehn Minuten schweigend zu zweit nebeneinander her, bis ich das Signal gebe.
Bedenkt, dass Jesus mit auf dem Weg ist.
Er begleitet euch.
Er geht zwischen euch beiden.

Klangsignal

4. Station

Impuls
Tauscht euch aus:
- Wie habt ihr euch gefühlt?
- Konntet ihr Jesus in Gedanken etwas erzählen, fragen, ihm etwas vorwerfen?
- Könnt ihr darüber auch mit eurem Mitjünger, eurer Mitpilgerin sprechen?
- Wenn ja, dann tut es!
- Wenn nein, dann sagt es ehrlich, ohne einander zu verletzen. Vielleicht kommt ihr dann darüber ins Gespräch.

Klangsignal

5. Station
Wir gehen auf Ostern zu.
Wir bitten den Auferstandenen zu uns.
Wir feiern Abendmahl.

► Lied: Christ ist erstanden (EG 99)

Pfingsten – Turmbau zu Babel | 1. Mose 11,1–9

Pfingsten ist eine Zeit für Ausflüge und ein Fest, das unter freiem Himmel gefeiert zu werden pflegt. Beides lässt sich bei einer Pilgertour mit einem Bibeltext verknüpfen. In allen Pfingsttexten ist Bewegung – das liegt in der Natur des Heiligen Geistes. Also machen wir uns auf den Weg!

1. Station

Wir stellen uns in einem Kreis auf.

Wir gehen heute einen Pfingstweg. Wir lassen uns vom Heiligen Geist in Bewegung setzen, nicht nur äußerlich. Einen Bibeltext nehmen wir als Begleiter mit auf den Weg.

Zunächst tut euch zu zweit mit jemandem zusammen, den/die ihr noch nicht oder nicht so gut kennt. Tauscht euch auf dem ersten Wegstück aus: Wo komme ich her, wo will ich hin – räumlich, biografisch, gedanklich, stimmungsmäßig?

Auf unseren heutigen Pfingstweg gehen wir mit dem Pilgersegen.

Pilgersegen
Dreieiniger Gott,
sende deinen Heiligen Geist,
dass er uns leite auf unserem Weg heute
und auf allen Wegen unseres Lebens.
Er schenke uns Erkenntnis und
stärke uns in dem Vertrauen,
dass alles bei dir zu einem guten Ziel findet.
Amen.

2. Station

Der Turmbau zu Babel ist sowohl das Gegenstück als auch die Vorgeschichte zu Pfingsten. In Babel wird die ursprünglich einheitliche Sprache verwirrt und niemand versteht mehr die/den andere*n.

An Pfingsten verstehen sich alle trotz verschiedener Sprachen.

Textblätter werden ausgeteilt.
Wir lesen reihum, jede*r liest einen Vers laut vor.

1. Mose 11,1–9
1 Es hatte aber alle Welt einerlei Zunge und Sprache. 2 Als sie nun von Osten aufbrachen, fanden sie eine Ebene im Lande Schinar und wohnten daselbst. 3 Und sie sprachen untereinander: Wohlauf, lasst uns Ziegel streichen und brennen! – und nahmen Ziegel als Stein und Erdharz als Mörtel 4 und sprachen: Wohlauf, lasst uns eine Stadt und einen Turm bauen, dessen Spitze bis an den Himmel reiche, dass wir uns einen Namen machen; denn wir werden sonst zerstreut über die ganze Erde. 5 Da fuhr der HERR hernieder, dass er sähe die Stadt und den Turm, die die Menschenkinder bauten. 6 Und der HERR sprach: Siehe, es ist einerlei Volk und einerlei Sprache unter ihnen allen und dies ist der Anfang ihres Tuns; nun wird ihnen nichts mehr verwehrt werden können von allem, was sie sich vorgenommen haben zu tun. 7 Wohlauf, lasst uns herniederfahren und dort ihre Sprache verwirren, dass keiner des andern Sprache verstehe! 8 So zerstreute sie der HERR von dort über die ganze Erde, dass sie aufhören mussten, die Stadt zu bauen. 9 Daher heißt ihr Name Babel, weil der HERR daselbst verwirrt hat aller Welt Sprache und sie von dort zerstreut hat über die ganze Erde.

Wir sind einen Moment still, sodass alle noch einmal für sich den Text lesen können.
 Nun kann jede*r ein Wort oder einen Satz(teil) laut vorlesen. Wir lassen noch einmal zur Sprache kommen, was uns besonders auffällt, weil wir es nicht verstehen, weil wir es zum ersten Mal bemerken, weil es uns anspricht.

Hierfür sollte ausreichend Zeit gelassen werden.
Eine Person liest nun abschließend den Text noch einmal laut vor. Gibt es Verständnisfragen, über die wir sofort sprechen sollten?

Impuls
Wir gehen jetzt zu zweit mit einer anderen Person weiter und tauschen uns aus:
- Was ist mir in dem Gelesenen und Gehörten aufgegangen?
- Wo haben sich Fragen ergeben?

3. Station

Impuls
Wir denken über unsere eigenen inneren und äußeren Vorhaben nach.
- Womit will ich in den Himmel reichen?
- Womit will ich mir einen Namen machen, etwa mit einer besonderen Leistung, Kindern, Projekten, Erfolgen …?

Wir gehen weiter, jede*r für sich im Schweigen.

4. Station

Impuls
- Wer baut mit an meinen Turmbauprojekten?
- An wessen Bauvorhaben bin ich beteiligt?
- Mit wem spreche ich »einerlei Sprache« und wir verstehen uns und treiben Dinge voran – in guten wie in schlechten Vorhaben?

Wir gehen weiter, jede*r für sich im Schweigen.

5. Station
Möglichst auf einem Hügel, an einem Aussichtspunkt, auf einem Turm o. ä.

Die Bibel steckt voll Humor! Das wird oft unterschätzt und zu wenig beachtet. Damit werden wir auf freundliche, augenzwinkernde, aber doch eindeutige Weise zu einer Selbsterkenntnis geführt.

Die Turmbaugeschichte zeigt uns: Was wir an unseren Leistungen als groß und bis in den Himmel reichend ansehen, ist vom Himmel aus betrachtet, aus Gottes Sicht, mikroskopisch klein. Er muss erst »herniederfahren«, um erkennen zu können, was die Menschen dort eigentlich bauen.

Unsere Projekte bedrohen nicht Gott. Sie bedrohen uns. Gott schaut nicht moralisch darauf, ihn interessiert nicht, was gut ist und was schlecht, sondern, was den Menschen schadet, wie sie sich gegenseitig und ihrer Umwelt schaden.

Wir gehen hinauf und nehmen uns einige Minuten Zeit. Wir schauen uns selbst von oben und von außen an.

Impuls
Wir betrachten uns aus himmlischer Sicht, ohne uns zu bewerten, auch mit Humor. Wie sieht mein Leben, mein Tun, mein Bauen und Planen aus Gottes Perspektive aus?

Klangsignal zum Weitergehen

6. Station
Gott denkt an seine Geschöpfe. Er zerstört den Turm – nicht die Menschen. Sie werden über die Erde zerstreut.

Die Geschichte entstand wahrscheinlich aus der Beobachtung, dass es verschiedene Sprachen gibt und sich Menschen aus unterschiedlichen Ländern nicht verstehen können.

Impuls
Wo habe ich Missverstehen und Verständnislosigkeit erlebt und erlitten?

Wir gehen schweigend.

7. Station
Wie kann die Zerstreuung überwunden werden? Ein Beispiel für Einverständnis kann gemeinsames Singen sein.

▶ Lied: Wo zwei oder drei (EG NB 564)

Die Gegengeschichte zum Turmbau ist Pfingsten. Da verstehen sich alle, obwohl sie unterschiedliche Sprachen sprechen.
Wir alle sprechen Deutsch und trotzdem verschiedene Sprachen. Mit denselben Worten verbinden wir unterschiedliche Bilder und Erfahrungen. Jedoch gelingt Verstehen manchmal auch ohne Worte.

▶ Lied: Wo zwei oder drei (EG NB 564)

Impuls
Geht zu zweit weiter und verständigt euch darüber:
Wie und wo und wann habe ich solches Verstehen erlebt, habe mich, unabhängig von gelungenen Projekten, verstanden gefühlt?

8. Station
Wir denken manchmal, Gott nahe zu sein, bedeute, in die Höhe zu streben, sich zu verbessern. Aber Gott kommt herunter, kommt zu uns und kümmert sich um uns. Er kommt auf den Boden unserer Tatsachen. Er tritt an unsere Stelle. Er sendet seinen Geist des Verstehens.

Wir gehen schweigend und laden Gottes Geist des Verstehens in unser Herz ein.

9. Station

Den eigenen Namen groß machen zu wollen, führt zur Vereinzelung. Das lehrt die Turmbaugeschichte.

Die Pfingstgeschichte lehrt: Gottes Namen groß zu machen, führt zum Verstehen.

Wir machen Gottes Namen groß und singen sein Lob.

► Lied: Laudate omnes gentes (EG 181.6) / Lobet und preiset, ihr Völker, den Herrn (EG 337)

Gebet
Komm, Heiliger Geist. Amen.

Pfingsten – Psalm 118

1. Station

► Lied: Schmückt das Fest mit Maien (EG 135,1–3)

Gottes Geist lehrt beten. Gebetsvorbilder sind für uns die Psalmen. Wir gehen mit dem Festtagspsalm, dem Pfingstpsalm, Psalm 118. Er ist zugleich ein Wallfahrtspsalm. Zu großen Festen wallfahren, pilgern die Juden nach Jerusalem zum Tempel.

Wir beginnen unseren Pfingstpilgertag, indem wir diesen Psalm beten und ihn im Wechsel sprechen.

Psalm 118,1–2.4–8.10.12–29
1 Danket dem HERRN; denn er ist freundlich,
und seine Güte währet ewiglich.
2 Es sage nun Israel: Seine Güte währet ewiglich.
4 Es sagen nun, die den HERRN fürchten:
Seine Güte währet ewiglich.
5 In der Angst rief ich den HERRN an;
und der HERR erhörte mich und tröstete mich.
6 Der HERR ist mit mir, darum fürchte ich mich nicht;
was können mir Menschen tun?

7 Der HERR ist mit mir, mir zu helfen;
und ich werde herabsehen auf meine Feinde.
8 Es ist gut, auf den HERRN vertrauen
und nicht sich verlassen auf Menschen.
10 Alle Völker umgeben mich;
aber im Namen des HERRN will ich sie abwehren.
12 Sie umgeben mich wie Bienen,
sie entbrennen wie ein Feuer in Dornen;
aber im Namen des HERRN will ich sie abwehren.
13 Man stößt mich, dass ich fallen soll;
aber der HERR hilft mir.
14 Der HERR ist meine Macht und mein Psalm
und ist mein Heil.
15 Man singt mit Freuden vom Sieg in den Hütten
der Gerechten: Die Rechte des HERRN behält den Sieg!
16 Die Rechte des HERRN ist erhöht;
die Rechte des HERRN behält den Sieg!
17 Ich werde nicht sterben, sondern leben
und des HERRN Werke verkündigen.
18 Der HERR züchtigt mich schwer;
aber er gibt mich dem Tode nicht preis.
19 Tut mir auf die Tore der Gerechtigkeit,
dass ich durch sie einziehe und dem HERRN danke.
20 Das ist das Tor des HERRN;
die Gerechten werden dort einziehen.
21 Ich danke dir, dass du mich erhört hast
und hast mir geholfen.
22 Der Stein, den die Bauleute verworfen haben,
ist zum Eckstein geworden.
23 Das ist vom HERRN geschehen
und ist ein Wunder vor unsern Augen.
24 Dies ist der Tag, den der HERR macht;
lasst uns freuen und fröhlich an ihm sein.
25 O HERR, hilf! O HERR, lass wohlgelingen!
26 Gelobt sei, der da kommt im Namen des HERRN!
Wir segnen euch vom Haus des HERRN.
27 Der HERR ist Gott, der uns erleuchtet.

Schmückt das Fest mit Maien bis an die Hörner des Altars!
28 Du bist mein Gott, und ich danke dir;
mein Gott, ich will dich preisen.
29 Danket dem HERRN; denn er ist freundlich,
und seine Güte währet ewiglich.
Amen.

In Psalm 118 wechselt sich die Stimme eines Einzelnen ab mit der einer Gruppe. Das ist eine gute Erfahrung beim Pilgern: Ich kann allein meinen Gedanken, Gebeten, Zweifeln, Hoffnungen und Gefühlen Raum lassen und bin zugleich nicht allein gelassen, bin von der Gemeinschaft getragen.

Alle, die sich zu Gott halten, sind mit ihrem persönlichen Erleben in die Gemeinde gestellt und in der Gemeinschaft der Glaubenden aufgehoben. Das spüren sie mal mehr, mal weniger, mal stärkt es, mal bedrängt es eher.

Mit dem Pilgersegen stellen wir uns als Gemeinschaft auf dem Weg unter Gottes Leitung.

Pilgersegen
Allmächtiger und barmherziger Gott,
führe uns auf den Weg des Friedens.
Dein Engel begleite uns unterwegs,
dass wir behütet heimkehren.
Führe uns zum Ziel in Zeit und Ewigkeit.
Amen.

Wir gehen und tauschen uns über den Psalm und das Pfingstfest aus.

2. Station

Impuls
Sucht euch jeweils einen Vers aus diesem Psalm aus, der gerade besonders zu euch spricht. Mit diesem Vers geht schweigend weiter. Ihr könnt ihn auf den Atem oder auf die Schritte legen. Lasst

dem Vers ein bisschen Zeit, tauscht ihn nicht zu schnell gegen einen anderen aus. Bewegt ihn im Herzen und in Gedanken. Verkostet ihn. Welche Farben und Geräusche, welches Gefühl, welchen Geruch oder Geschmack setzt er in euch frei?

3. Station
Jede*r geht mit diesem Vers weiter.

Impuls
Was lehrt mich der Vers – über Gott, über mich, über die Welt und die Menschen, über das Leben und Sterben?

4. Station
Im Psalm ist die Bedrängnis durch die Feinde groß. Die Feinde werden nicht konkret beschrieben. Es können Krankheit, Ungerechtigkeit, Sorgen und Konflikte sein oder etwas anderes, das mich bedrängt.

Gott wird wie ein Schild dargestellt, der all dies abwehrt. Vielleicht habt ihr eigene Bilder für Gott und sein Wirken oder für das, was ihr euch von ihm wünscht im Kampf mit euren Feinden.

Impuls
Zu welchem Bekenntnis leitet er mich an?
- Gott ist wie …
- Gott ist ein …
- Ich vertraue darauf, dass er …
- Ich zweifle, …
- Ich hoffe, dass er trotzdem …

5. Station

Impuls
Tut euch zu zweit zusammen. Stellt euch gegenseitig eure Verse vor. Erzählt euch gegenseitig, was ihr mit ihm erlebt habt.

Gibt es Wendungen in eurer Wahrnehmung – wie: »Der Stein, den die Bauleute verworfen haben, ist zum Eckstein geworden«? Was lässt sich neu betrachten? Welcher Gedanke, welcher Aspekt im Glauben bekommt durch ihn eine neue Funktion?

6. Station

Im Psalm wird das Leben, das schiere Überleben des bedrängten Beters als Gotteslob aufgefasst.

Das Staunen der anderen verstärkt das Gotteslob.

Impuls
Nehmt euch noch einmal den ganzen Psalm vor und betet mit ihm. Was steckt in ihm an Dank, Klage, Bitte und Lob?

Spürt das auch in eurem Leben auf und bringt es vor Gott. Legt es ihm in die Hand und ans Herz.

7. Station

Wir tragen Bitten, Lob, Klage und Dank zusammen in einem gemeinsamen Gebet. Jede*r kann mitbeten, leise für sich formulieren oder es laut sagen.

Gebet
Gott,
hier sind wir vor dir und bringen dir,
was uns bewegt.
Sende deinen Geist.
Wir bringen dir,
was wir neu entdeckt haben,
was in unserem Leben zum Tragen kommen will.
Sende deinen Geist.
[Hier ist Zeit und Raum für das eigene Gebet.]
…
Sende deinen Geist.

▸ Vaterunser

▶ Lied: Sende dein Licht und deine Wahrheit (EG 172)

Jede*r sagt jeder*m mit einem Händedruck »Friede sei mit dir« oder »Shalom«.

Reformationstag – Das schöne Confitemini | Psalm 118

1. Station

Wir gehen einen Weg durch die Stadt, nicht als Sightseeingtour, sondern als geistliche Übung. Das Gehen kann uns helfen, aus dem Kopf auf die Füße und vielleicht auch ins Herz zu kommen. Der Weg dauert ungefähr eineinhalb Stunden. An sechs Stationen werden wir Halt machen und ich gebe einen Impuls für die jeweils nächste Wegstrecke. Wir nehmen einen Psalm mit auf den Weg. Wir meditieren nicht Lutherworte, sondern, in seinem Sinn und mit seinen Anregungen, Worte der Heiligen Schrift.

Wir versetzen uns zurück in das Jahr 1530 – es ist Reichstag in Augsburg. Luther kann nicht dorthin fahren. Das wäre lebensgefährlich, weil die Reichsacht über ihn verhängt ist. So muss er im südwestlichsten Zipfel des Kurfürstentums Sachsen auf der Veste Coburg bleiben und abwarten, welche Nachrichten die Boten aus Augsburg bringen.

Eine schwere Zeit für ihn. Er ist von der Kommunikation auf dem Reichstag abgeschnitten, kann nicht kirchenpolitisch wirken, nicht unmittelbar ins Geschehen eingreifen. Er wendet sich intensiv der Bibelauslegung zu. Besonderen Trost findet er im Psalm 118.

Wie Luther auf der Veste Coburg schneidet auch ihr euch jetzt von der Außenwelt ab, versetzt eure Handys in den Flugmodus und wendet euch intensiv dem Psalm zu.

Wir gehen schweigend. Das ist in der Stadt eine besondere Herausforderung, aber für den Alltag eine nützliche Erfahrung. Täglich sind wir vor die Aufgabe gestellt, trotz Lärm und Unruhe ringsum bei uns selbst zu sein und Ruhe zu finden.

Pilgersegen
Gott, der Vater, der Sohn und der Heilige Geist,
segne und behüte dich.
Er geleite dich auf deinen Wegen.
Er befreie dich aus deinen Nöten.
Er erfülle dich mit seinem Geist.
Sein heiliger Engel führe dich zum Ziel
in Zeit und Ewigkeit.
Amen.

Luther wird nicht viel auf die Veste mitgenommen haben.

Ihr habt einen Moment Zeit, in der Stille zu bedenken, was ihr auf den Weg mitnehmen wollt.

Nehmt euch einen Gedanken vor, der euch zurzeit besonders bewegt: einen Konflikt, etwas, von dem ihr euch ausgeschlossen fühlt, eine Sorge, eine Herausforderung? Formuliert diesen einen Gedanken für euch ganz genau. Den nehmt ihr im Hinterkopf mit auf den Weg.

▶ Stille

Auf dem ersten Wegstück schärfen wir unsere Sinne.

Geht alle Sinne der Reihe nach durch. Seht, hört, fühlt, riecht, schmeckt alles ganz neu.

Ich gehe vor und wir bleiben zusammen. Wir bleiben in der Stille.

2. Station
Psalm 118 wird ausgeteilt (s. o. S. 113 f.).
Wir lesen den Psalm gemeinsam.

»Denn es ist mein Psalm«, schreibt Luther über den 118., »den ich lieb habe. Wiewohl der ganze Psalter und die Heilige Schrift im ganzen mir auch lieb ist, als die mein einiger Trost und Leben ist, so bin ich doch sonderlich an diesen Psalm geraten, dass er muß mein heißen und sein. Denn er sich auch redlich um mich gar oft verdienet und mir aus manchen großen Nöten geholfen hat, da mir sonst weder Kaiser, Könige, Weise, Kluge, Heilige hätten mögen helfen. Und ist mir lieber denn des Papsts, Türken, Kaiser und aller Welt Ehre, Gut und Gewalt, wollt auch gar ungern um diesen Psalm mit ihnen allesamt beuten.« (Luther 1529/32, WA 31, I, 66)

»Mein Psalm« – Wie könnte Psalm 118 sich um mich verdient machen?

Impuls
Psalm 118
- memorieren,
- vor sich hin murmeln,
- Teile auswendig lernen,
- verinnerlichen,
- verkosten,
- wiederkäuen *(ruminatio)*,
- auf der Zunge zergehen lassen.

Verwandelt euch de*n* Psalm an (im Sinne von »sich zu eigen machen«). Oder verwandelt euch de*m* Psalm an (im Sinne von »imitieren«).

3. Station

Luther leidet darunter, dass er von den Vorgängen in Augsburg nur durch Briefe informiert wird und nur durch sie Einfluss nehmen kann, »weil ich hier in der Wüste müßig sitze« (Luther 1530, WA 31, 1, 65–67).

Auch hat er die Nachricht vom Tod seines Vaters bekommen.

Er legt die Psalmen aus und schreibt unter Psalm 118 zur Datumsangabe »ex eremo« – aus der Wüste (Luther 1530, WA 31, 1, 67).Wüste, das ist der Ort der Not, des Alleinseins mit Gott und der besonderen Angewiesenheit auf Gott.

Impuls
Sucht wüste Stellen in euch auf.
Wann fühle ich mich vom Lebensstrom abgeschnitten, körperlich, seelisch, biografisch?

4. Station
In einer Kirche.

Für den nächsten Impuls lassen wir uns Zeit in der Kirche. Ihr habt zehn Minuten für euch in der Stille, mit diesem Psalm und in diesem Raum. Ich gebe ein Klangzeichen, wenn wir uns wieder sammeln.

> Luther schrieb: »Die andern Legenden und Exempel halten uns schier eitel stumme Heilige vor. Da ist der Psalter einzig in seiner Art, wodurch er uns auch so wohl und süße riecht, wenn man darinnen lieset, daß er nicht allein die Werke der Heiligen erzählet, sondern auch ihre Worte, wie sie mit Gott geredet und gebetet haben und noch reden und beten.« (Luther 1528, WA DB 10, 1, 100)

Die Psalmen machen den Menschen sprachfähig im Gebet. Sie sind Gottes Wort und machen Gott sprachlich hörbar.
Luthers Lieblingsvers im 118. Psalm und in seiner Wüste ist Vers 17: »Ich werde nicht sterben, sondern leben und des HERRN Werke verkündigen.«

Impuls
Diesen Vers könnt ihr nachsprechen und meditieren.
Was löst er in euch aus?

Klangsignal

Vor dem Verlassen der Kirche sammeln wir uns.

▸ Lied: Nun freut euch, lieben Christen g'mein (EG 341,1+7)

Luther: »Und es sind ja doch nicht Leseworte, […] sondern eitel Lebensworte darin, die nicht zum Spekulieren und hoch zum Dichten, sondern zum Leben und Tun geschrieben sind.« (Luther 1530, WA 31, 1, 67)

Der Umschwung von der Klage zum Lob kommt im Psalm und im Leben oft unvermittelt.

Impuls
- Wo rührt sich neues Leben, Lebensfreude, neues Gotteslob in mir?
- Wo sprudeln für mich neue Quellen in der Wüste, sodass Leben sprießen kann?

Haltet euch offen für die Begegnung mit Gott und für das, was er schenkt und was er schon geschenkt hat.
Wofür öffnet sein Geist euch durch den Psalm einen neuen Blick?

5. Station
Es ist zugleich »mein Psalm« und der von vielen, ja allen. Er ist situationsoffen.

Impuls
Tauscht euch zu zweit darüber aus, was ihr mit diesem Psalm erlebt habt.

6. Station
Bildet einen Kreis.
Auf der Veste Coburg hat Luther seinen Lieblingspsalmvers an eine Wand geschrieben – ihm selbst, aber auch anderen immer sichtbar zur Stärkung und Vergewisserung.
Die Hirn- sowie die Lernforschung sagen uns, dass uns das besser im Gedächtnis bleibt, was wir selbst formulieren und laut sagen oder schreiben.

So habt ihr nun etwas Zeit, dem zunächst für euch in der Stille nachzugehen.

Impuls
Was hat auf diesem Pilgerweg besonders zu mir gesprochen?
Formuliert es klar für euch, wie auf einem Plakat. Formuliert euren eigenen Vers oder zitiert einen.
Dann kann, wer mag, beginnen, seinen Vers laut zu sagen. Nennt ein Wort, einen Gedanken, heftet ihn gewissermaßen an die Wand dieses Kreises sichtbar, hörbar an.
Zu Hause könnt ihr ihn dann wirklich an die Wand schreiben.

► Stille

Runde mit Nennungen

Luther nennt den Psalm »Das schöne Confitemini« (d. h. »Das schöne Bekenntnis«) nach seinen lateinischen Anfangsworten *Confitemini Domino*. »Schön« ist das Bekenntnis, weil es ein Dank- und Lobbekenntnis ist. Ein Bekenntnis zu Gottes Freundlichkeit und Güte, das auch in Wüstenzeiten gesprochen werden kann, im festen Vertrauen, dass Gott wieder Grund zum Danken schenken wird.
»Danket dem Herrn, denn er ist freundlich.«

Wir beten und danken für das, was Gott uns auf diesem Weg geschenkt hat.

► Dankgebet
► Lied: Confitemini Domino (Taizé)

Pilgerpredigt für den Altjahrsabend | Psalm 121

Mit dieser Predigt wird eine Teilstrecke des Pilgerweges Loccum – Volkenroda fiktiv nachgegangen. Die Ortsnamen lassen sich durch Angaben von anderen Pilgerwegen ersetzen oder können weggelassen werden. Die Aspekte der Predigt können auch als Impulse auf einem Weg bei entsprechenden Gegebenheiten dienen.

Wir beten den Psalm und sprechen ihn gemeinsam.

Psalm 121
1 Ein Wallfahrtslied.
Ich hebe meine Augen auf zu den Bergen.
Woher kommt mir Hilfe?
2 Meine Hilfe kommt vom HERRN,
der Himmel und Erde gemacht hat.
3 Er wird deinen Fuß nicht gleiten lassen,
und der dich behütet, schläft nicht.
4 Siehe, der Hüter Israels schläft noch schlummert nicht.
5 Der HERR behütet dich;
der HERR ist dein Schatten über deiner rechten Hand,
6 dass dich des Tages die Sonne nicht steche
noch der Mond des Nachts.
7 Der HERR behüte dich vor allem Übel,
er behüte deine Seele.
8 Der HERR behüte deinen Ausgang und Eingang
von nun an bis in Ewigkeit!

▸ Lied: Ich heb mein Augen sehnlich auf (EG 296)

Unser Pilgerweg führt von Loccum nach Volkenroda.
    Wir heben unsere Augen auf zum Ebersnacken. Schon der Name klingt bedrohlich. Die Steigung zieht sich auf unebenem Weg hin, soweit das Auge reicht.

> »Ich hebe meine Augen auf zu den Bergen. Woher kommt mir Hilfe?«

Das frage ich mich auch bei all den anderen Bergen, zu denen ich meine Augen erheben muss, weil sie so hoch sind – Aktenberge, Berge von Unordnung, von ungespültem Geschirr, vor allem Schuldenberge: Anruf-, Brief-, Besuch-, Lächelschulden. Ganze Gebirge davon.

»Woher kommt mir Hilfe?«

Es fängt immer mit dem ersten Schritt an. Der heißt auf unserem Pilgerweg: Stillhalten, einen Psalm sprechen, einen geistlichen Impuls hören, das Vaterunser beten, den Segen empfangen, schweigen.
So beginnen alle Pilgerwege unseres Lebens. Auch die Schwelle zum neuen Jahr begehen wir mit diesem ersten Schritt. Wir tun ihn hier gemeinsam und bekennen damit:

»Meine Hilfe kommt vom Herrn, der Himmel und Erde gemacht hat.«

Alles hat er gemacht, deshalb ist nichts seinem Einfluss entzogen. Überall bin ich in seinem Machtbereich, kann auf seine Hilfe bauen, welchen Weg ich auch einschlage. Unsere Welt, alle Gegenden, Berge und Täler sind sein, auch die Erlebnishöhen und -tiefen. Unsere Zeit steht in seinen Händen, jede Sekunde, das alte und das ganze neue Jahr, in das wir uns aufmachen.

»Meine Hilfe kommt vom Herrn, der Himmel und Erde gemacht hat.«

Der Weg den Ebersnacken hinauf ist uneben, unbekannt, wirklich anstrengend steil. Wie lange soll das noch so gehen? Die Kräfte sind begrenzt. Die Konzentration lässt nach. Nur nicht abrutschen oder umknicken! Die anderen könnten nicht helfen, sie haben genug mit sich selbst zu tun.

»Er wird deinen Fuß nicht gleiten lassen.«

O doch! Er lässt. Oft passiert es mir nur aus Erschöpfung oder Unkonzentriertheit, dass ich mich selbst verletze oder anderen das Leben schwer mache. Wenn mein Fuß gleitet, ist es noch nicht das Schlimmste. Wenn aber meine Gedanken entgleiten, meine Zunge, ja sogar meine Taten – das ist hart.

Ich habe mich nicht im Griff. Er möge mir helfen, dass ich nicht vom Weg abkomme. Er bringe mich wieder auf die rechte Bahn. Er stehe mir bei, die Beziehung zu den anderen, zu den von mir Verletzten, wieder in die Spur zu bringen.

»Meine Hilfe kommt vom Herrn.«

Wir erreichen das Wesertal. Die asphaltierte, gerade Fahrradstraße reflektiert die Sonnenstrahlen. Das Gleiche tut die Oberfläche des Flusses. Kein Baum weit und breit. Stundenlang gehen wir in der Mittags- und Nachmittagshitze, von Sonnenhüten nur notdürftig geschützt.

Die Sonne wurde in vielen Religionen wie ein Gott verehrt und wird es auch heute manchmal noch. Sie hat Macht, ist lebensnotwendig und kann zerstörerisch wirken. Unbarmherzig, sagt man, brennt die Sonne. Vor ihr, ebenso wie vor den Mächten und Gewalten, die einem übel mitspielen, braucht es einen besonderen Schutz, eine größere Hut und Behütung als nur die Schirmmütze.

»Der Herr ist dein Schatten über deiner rechten Hand, dass dich des Tags die Sonne nicht steche.«

»Über deiner rechten Hand.« Die Rechte, die Tathand, mit der sich ein Krieger verteidigen kann, ist nie stark genug, um gegen alle Mächte anzukämpfen. Wir brauchen Schutz und Schirm vor allem Argen, vor Krankheit, Sorgen, Angst und Tod.

Der Schatten markiert die persönliche Einflusssphäre. Gott legt seinen Schatten schützend über mich. Leicht, unmerklich geht er mit mir.

Wir sind angekommen in Buchhagen und in einem fremden Quartier. Ich liege trotz Erschöpfung schlaflos wach. Vom klaren

Nachthimmel scheint ein heller Halbmond ins Zimmer. Unter dem Fenster fahren Autos vorbei. In mir ist es unruhig. Die Sorge meldet sich zur Nacht zurück. Der Mond, die Macht der Nacht, auch eine Gottheit, unheimlich, geisterhaft, kann uns umtreiben.

»Der Herr ist dein Schatten […], dass dich der Mond des Nachts nicht steche.«

Zur Nacht bergen wir uns bei Gott sicherer als im Haus, hinter dem Vorhang und unter der Bettdecke. In der Nacht, wenn die Sinne sensibilisiert sind und Ängste wachsen, wird uns besonders bewusst, dass wir einen Stärkeren brauchen, dem wir uns anvertrauen können in der Wehrlosigkeit unseres Schlafes.

»Der dich behütet, schläft nicht. Siehe, der Hüter Israels schläft und schlummert nicht.«

Von oben, von Gestirnen und Gewalten, von unten, von irdischen Widrigkeiten, sind wir in Gefahr.
Von allen Seiten umgibt uns Gottes Schutz. Diese Erfahrung und dieses Vertrauen ist so umfassend, dass es zu Gottes Name wird: »Der Hüter.«
Er wacht über mir, ist ein Schatten, der mitgeht, der intensiver wird, je stärker die Widrigkeiten auf mich einstrahlen. Er tritt zwischen das Übel und mich, lässt mich aber frei gehen.
So frei lässt er mich, so weit oben ist der Schatten – »siehe«, aber ich sehe ihn nicht. Ob er wirklich da ist? Zweifel scheinen berechtigt.

Was ich wahrnehme, hat mit meiner Erwartung und Deutung zu tun.
Dafür ist heute Zeit, im Rückblick zu deuten und Erwartungen für das, was kommt, zu klären:
- Was habe ich im vergangenen Jahr mit Gott erlebt?
- Wie sah der Weg aus?
- Wo hat er mir geholfen?
- Wo habe ich ihn vermisst?

Nach einer mühevollen Wegstrecke kommen wir ausgelaugt bei der ehemaligen Wehrkirche in Kirchbrak an. Wir gehen hinein, setzen uns. Kühl ist es hier. Wir schweigen. Nach einer Weile singen wir, beten und danken. Bis hierher hat Gott uns geführt. Er lässt uns zur Ruhe kommen und neue Kräfte sammeln. Hier sind wir geschützt.

»Der Herr behüte deinen Ausgang und Eingang.«

Ausgang und Eingang sind Anfangs- und Endpunkt eines Weges. Durch sie ist ein Weg festgelegt. Anfang und Ende sind oft die Krisenpunkte, an denen wir anhalten und uns besinnen. Vom Anfang bis zum Ende legen wir unser Leben in Gottes Obhut.

Diese wehrhafte Kirche auf dem Weg in Kirchbrak ist nur ein intensives, konzentriertes Bild für das, was mir überall unterwegs gilt:

»Der Herr behüte dich vor allem Übel, er behüte deine Seele.«

Auch im neuen Jahr kann einen die Frage bedrängen: »Woher kommt mir Hilfe?« Aus Erfahrung, aus Erinnerung oder trotziger Entscheidung liegt die Antwort bereit: »Meine Hilfe kommt vom Herrn.«

Das können wir uns nicht immer selbst sagen. Unterwegs muss uns hin und wieder ausdrücklich zugesprochen werden:

»Der Herr behütet dich, von nun an bis in Ewigkeit.«

Das ist Proviant für den Weg ins neue Jahr.
Amen.

► Lied: Nun lasst uns gehen und treten (EG 58)

2.3 Anlässe

Taufe

Ein Taufweg kann überall gegangen werden – rund um die Kirche, in Feld und Wald – und zu jeder Zeit, beispielsweise auch in der Osternacht oder am Ostermorgen. Er kann der Tauferinnerung dienen sowie der Taufvorbereitung für Konfirmand*innen, erwachsene Täuflinge, Taufeltern, Pat*innen und Interessierte. Auch ein Taufgottesdienst kann als Weg gestaltet werden hin zu einer Quelle oder von einem Gewässer zur Kirche.

1. Station
An einer Kirche.

Eröffnung
Im Namen des Vaters und des Sohnes und des Heiligen Geistes. Amen.

Wir gehen einen Taufweg. Jesus hat uns auf ihn gesandt.

Sendung
Matthäus 28,18-20
18 Und Jesus trat herzu, redete mit ihnen und sprach: Mir ist gegeben alle Gewalt im Himmel und auf Erden. 19 Darum gehet hin und lehret alle Völker: Taufet sie auf den Namen des Vaters und des Sohnes und des Heiligen Geistes 20 und lehret sie halten alles, was ich euch befohlen habe. Und siehe, ich bin bei euch alle Tage bis an der Welt Ende.

▶ Lied: Wir bringen, Gott, dies Kind zu dir (EG NB 566,1)

2. Station

An einem Gewässer (Brunnen, Bach, Fluss, Teich).

Reinigung
Hesekiel 36,16.25-27

16 Und des HERRN Wort geschah zu mir: [...] 25 und ich will reines Wasser über euch sprengen, dass ihr rein werdet; von all eurer Unreinheit und von allen euren Götzen will ich euch reinigen. 26 Und ich will euch ein neues Herz und einen neuen Geist in euch geben und will das steinerne Herz aus eurem Fleisch wegnehmen und euch ein fleischernes Herz geben. 27 Ich will meinen Geist in euch geben und will solche Leute aus euch machen, die in meinen Geboten wandeln und meine Rechte halten und danach tun.

- Lied: Wir bringen, Gott, dies Kind zu dir (EG NB 566,2)
- Tauffrage an die Eltern

3. Station

Auf einem Kinderspielplatz.

Neues Leben
Römer 6,3-5

3 Oder wisst ihr nicht, dass alle, die wir auf Christus Jesus getauft sind, die sind in seinen Tod getauft? 4 So sind wir ja mit ihm begraben durch die Taufe in den Tod, auf dass, wie Christus auferweckt ist von den Toten durch die Herrlichkeit des Vaters, so auch wir in einem neuen Leben wandeln. 5 Denn wenn wir mit ihm zusammengewachsen sind, ihm gleich geworden in seinem Tod, so werden wir ihm auch in der Auferstehung gleich sein.

- Lied: Wir bringen, Gott, dies Kind zu dir (EG NB 566,3)
- Tauffrage an die Paten

4. Station
An einem Baum.

Baum des Lebens
Psalm 1,1–3
1 Wohl dem, der nicht wandelt im Rat der Gottlosen / noch tritt auf den Weg der Sünder noch sitzt, wo die Spötter sitzen, 2 sondern hat Lust am Gesetz des HERRN und sinnt über seinem Gesetz Tag und Nacht! 3 Der ist wie ein Baum, gepflanzt an den Wasserbächen, / der seine Frucht bringt zu seiner Zeit, und seine Blätter verwelken nicht. Und was er macht, das gerät wohl.

Offenbarung 2,7b
Wer überwindet, dem will ich zu essen geben von dem Baum des Lebens, der im Paradies Gottes ist.

- Glaubensbekenntnis
- Lied: Wir bringen, Gott, dies Kind zu dir (EG NB 566,4)

5. Station
Am Taufbecken in der Kirche oder an einem Gewässer im Freien.

Kind Gottes
Markus 1,9–11
9 Und es begab sich zu der Zeit, dass Jesus aus Nazareth in Galiläa kam und ließ sich taufen von Johannes im Jordan. 10 Und alsbald, als er aus dem Wasser stieg, sah er, dass sich der Himmel auftat und der Geist wie eine Taube herabkam auf ihn. 11 Und da geschah eine Stimme vom Himmel: Du bist mein lieber Sohn, an dir habe ich Wohlgefallen.

- Taufe
- Familiensegen
- Lied: Ich möcht, dass einer mit mir geht (EG 209)
- Fürbitten
- Vaterunser
- Segen

Geburtstagspilgern | Matthäus 28,20b

Vorbemerkung
Mit Matthäus 28,20b, dem letzten Vers aus dem Taufbefehl, kann man auch einen Weg anlässlich einer Erwachsenentaufe gestalten. Dann würde man den Ablauf allerdings stärker auf das Taufthema zuspitzen, Tauflieder singen, eventuell unterwegs an einem Bach die Taufe feiern oder Tauferinnerung halten.

1. Station

Wir gehen einen Pilgerweg – das ist mehr als Wandern.

Das Gehen verbinden wir mit Nachdenken, einem Bibelwort, Stille und Austausch. Ich werde hin und wieder Impulse geben, die dann das folgende Stück Weg inhaltlich bestimmen. Teils sind es Anregungen zum Gespräch, teils zum Besinnen allein in der Stille. *Xy (Name der Person, die Geburtstag hat)* geht voraus und bestimmt das Tempo. Ich werde hinten gehen. Falls etwas sein sollte, meldet euch bitte bei mir.

Mittagspause halten wir in einer Schutzhütte.

Pilgern anlässlich eines Geburtstages, das passt gut. Ein Weg, auch ein Pilgerweg, kann als Bild für den Lebensweg verstanden werden: Mit Beginn und Ziel, mit Anstrengungen und Pausen, Bergeshöhen und tiefen Tälern, leiblichen und geistlichen Stärkungen, zufälligen Begegnungen und treuen Begleiter*innen.

Unser ständiger und verlässlicher Wegbegleiter ist Gott. Manchmal erleben wir, dass Gott uns in den Menschen begegnet und begleitet, die uns nahe sind, manchmal auch in denen, die es uns schwer machen und durch die wir in der Auseinandersetzung etwas lernen oder reifen.

Heute sind die unterstützenden Wegbegleiter*innen von *xy* versammelt. Wir alle sind auf unterschiedliche Weise mit ihr/ihm verbunden und sind auf einem unterschiedlich langen Abschnitt ihres/seines Lebenswegs mit ihr/ihm unterwegs.

Wegbegleitung ist eine gute Übersetzungsmöglichkeit für Segen. Am Beginn eines neuen Lebensjahres gibt es Segenswünsche, oft auch gesungen:

▻ Lied: Viel Glück und viel Segen

Am Anfang eines Pilgerweges steht der Pilgersegen, den ich jetzt spreche.

Pilgersegen
Ob du sitzt oder aufstehst,
gehst oder liegst,
Gott behüte dich.
Jedes Wort auf deiner Zunge
wandle er in Segen.
Er behalte dich im Blick
auf allen deinen Wegen
und führe dich auf ewigem Wege.
Ob du Flügel der Morgenröte nimmst
und ans äußerste Meer gehst
oder ob du zu Hause bleibst,
seine Hand führe dich
und seine Rechte halte dich.
Der Herr segne und behüte dich.
Amen.
(nach Psalm 139)
▻ Lied: Von allen Seiten umgibst du mich (freiTÖNE 128)

2. Station

Für den ersten Teil des Weges tun sich bitte immer zwei Personen zusammen, die sich noch nicht oder nicht gut kennen. Stellt euch gegenseitig vor.
   Tauscht euch aus:
- Wann und wie habe ich *xy* kennengelernt?
- Was habe ich mit ihr/ihm erlebt?

3. Station

Je nachdem, mit wem wir es zu tun haben, verhalten wir uns unterschiedlich. Bei einem Familienmitglied geben wir uns anders als bei einer Kollegin, mit einem Kind reden wir anders als mit einem Erwachsenen.

Jedes Gegenüber ruft etwas anderes in uns wach, weil wir Interessen, Glauben, Verwandtschaft und Erlebnisse teilen oder gerade nicht. Immer reagieren wir darauf, immer löst das ein anderes Verhalten bei uns aus.

Impuls
Jede*r bedenkt bitte für sich:
- Wie geht es euch mit *xy*?
- Was löst sie/er in euch aus?
- Wer und wie seid ihr, wenn ihr mit ihr/ihm zusammen seid?
- Welche Fähigkeiten ruft sie/er in euch wach?
- Welche Perspektiven auf die Dinge und das Leben eröffnet sie/er euch?

Vielleicht nehmt ihr dabei nicht nur *xy*, sondern auch Ehepartner, Geschwister, Kinder, Enkel mit in den Blick.

In der Stille geht jetzt jede*r für sich allein weiter.

Xy kann sich diese Fragen umgekehrt für jede*n ihrer/seiner Gäste stellen.

4. Station

Wir bilden eine Runde. Jede*r sagt *xy*, was er/sie für sie bedeutet oder repräsentiert. Vielleicht erzählt ihr eine Begebenheit.

Ein Bibelwort begleitet uns heute: »Siehe, ich bin bei euch alle Tage bis an der Welt Ende.« (Matthäus 28,20b)

Zettel mit dem Vers werden ausgeteilt.

Tut euch erneut mit jemandem zusammen, den/die ihr noch nicht so gut kennt. Was fällt euch zu diesem Vers ein? Ist etwas unverständlich, missverständlich oder ärgert euch? Assoziiert frei oder legt jedes Wort auf die Goldwaage.

5. Station

»Siehe, ich bin bei euch alle Tage bis an der Welt Ende.«

Das sagt Jesus am Ende des Matthäusevangeliums. Er sagt es zu seinen Freunden, mit denen er einen intensiven Weg gegangen ist. Er sagt ihnen zu, dass er auf andere Weise weiterhin bei ihnen sein wird.
Jetzt fange ich hinten an: Bis an der Welt Ende.
Geburtstage erinnern auch an das Voranschreiten der Zeit und an die Endlichkeit des Lebens. Damit verbunden ist die Erkenntnis, dass es trotz mancher Gefährdungen bis jetzt noch nicht zu Ende ist.

Impuls
Eigene und fremde Geburtstage sind ein Moment, um Rückblick zu halten:
- Wo bin ich bewahrt worden?
- Vielleicht habe ich das sogar als ein Wunder erlebt. Wer hat daran Anteil?
- Wofür will ich Gott im Nachhinein danken?

Ihr habt jetzt Zeit, jede*r für sich allein dankbar zurückblickend weiterzugehen.

6. Station

Wer will, kann sich mit jemandem zusammentun. Die Gesprächspartner können sich austauschen.

► Mittagspause

Wir gehen im Gespräch weiter.

7. Station

Jesus sagt den Jüngern zu, dass er ihr Wegbegleiter bleibt. Mit diesem Wort schickt er sie in die Welt. Gehet hin, sagt er. Nicht: bleibt unter euch, schottet euch ab, sondern: Gehet hin in alle Welt. Damit ist ein Abschied verbunden. Sie werden auseinander gehen, aber sie werden auf eine besondere Weise verbunden bleiben in der Zugehörigkeit zu Christus.

Impuls
Denkt nun darüber nach, wovon ihr Abschied nehmen wollt oder nehmen müsst. Wählt nur eine Sache oder eine Beziehung aus, vielleicht etwas, das geklärt werden will, das ihr nur noch mitschleppt.

Sucht euch für den weiteren Weg ein Stöckchen und verbindet es mit dem, was in euch erstarrt ist, was nicht mehr lebendig ist. Denkt an einen Aspekt eures Lebens, der nicht mehr gefüllt ist. Nur einen Gedanken, ganz konkret und greifbar.

Wir gehen allein in der Stille weiter.

8. Station

Hier ist Zeit und Platz, das abzulegen, woran ihr symbolisch mit dem Stock gedacht habt.

Impuls
Verabschiedet euch davon. Lasst es nicht achtlos fallen, sondern legt es bewusst ab. Es ist ein Teil eures Lebens gewesen. Es hatte seine Bedeutung, aber die soll es nun nicht mehr haben.

Verbindet mit dem Ablegen die Vorstellung, dass ihr es Gott zurückgebt. Mit einem Dank, einer Klage, einer Bitte um Vergebung oder um Heilung.

Wir gehen erleichtert weiter, ohne zurückzudenken. Wir genießen die neue Leichtigkeit.

9. Station
»Gehet hin in alle Welt« (Markus 16,15; vgl. Matthäus 28,19)

Alle Welt steht euch offen. Wer sich von etwas verabschiedet, hat Platz für Neues.

Impuls
Welche Wünsche, Pläne und Ideen habe ich für meinen weiteren Weg?
 Ihr könnt euch mit jemandem zusammentun und gemeinsam fantasieren, spinnen, gedanklich mutige Schritte ausprobieren.
 Die ganze Welt steht euch offen!

10. Station
Jesus begegnet seinen Jüngern hier nach Ostern, nach der Auferstehung. Es ist eine Begegnung mit dem auferstandenen Christus, also weniger eine körperliche, als vielmehr eine Glaubensbegegnung.
 Die Jünger, die mit Jesus unterwegs waren, haben uns gegenüber hier keinen Vorteil. Auch uns begegnet Jesus und sagt uns zu: »Ich bin bei euch alle Tage«.

Impuls
Wir gehen einzeln in der Stille und hören, wie Jesus selbst zu jeder*m sagt: »Ich bin bei dir alle Tage bis an der Welt Ende.« Hört das ganz persönlich. Es wurde euch in der Taufe zugesagt. Jesus hat es seinen Freund*innen gesagt, auch denen mit Glaubenszweifeln. Jesus sagt eure Namen. Er spricht euch direkt an. Hört genau, habt es richtig im Ohr, wie er zu euch sagt: »*Anna/ Thomas,* ich bin bei dir alle Tage.«

11. Station

Wir bilden eine Runde.
Jede*r sagt etwas, was ihr/ihm auf dem Weg aufgegangen ist.
Jede*r formuliert einen Geburtstagssegenswunsch für *xy*.

► Geburtstagslied: Lobe den Herren (EG 317)
► Dankgebet oder Vaterunser

Pilgern mit einem Gremium (Kirchenvorstand | Mitarbeitende in der Seniorenarbeit)

Vorbemerkung
In Gremien wird viel gesessen. Sitzungen sind der Kreativität manchmal abträglich. Wenn sich ein Thema oder eine Gruppenkonstellation als problematisch erweist, lässt sich auf einem Weg etwas in Bewegung bringen. Kirchenvorstand, Presbyterium, Kirchengemeinderat, Kuratorium, Beirat und Ausschuss sollen etwas in Gang bringen, sie können damit bei sich selbst beginnen. Ein solcher Pilgerweg empfiehlt sich als Beginn eines Klausurwochenendes oder einer längeren Sitzungsperiode. Er sollte nicht unter Zeit- oder Erledigungsdruck stehen, sondern Freiraum bieten für neue Erfahrungen der Mitglieder miteinander. Sie können pilgernd realisieren, dass sie auch geistlich gemeinsam unterwegs sind.

Kirchenvorstand

1. Station

Wir stellen uns im Kreis auf. Wir haben uns einen Weg vorgenommen, heute einmal im wörtlichen Sinn. Wir sollen und wollen in der Gemeinde etwas bewegen. Dazu bewegen wir uns heute erst einmal selbst. Wir machen uns für eine Stunde auf einen Weg. Dabei geht es nicht um die Themen, die auf der Tagesordnung stehen. Für die ist hinterher noch genug Zeit.

Wir gehen den Weg schweigend und stellen uns einigen Fragen. Ich gebe an vier Stationen Impulse. Auf dem Weg ist Zeit, die ganze Gruppe wahrzunehmen, die dieses Gremium bildet, sich einem Thema zu stellen, das gerade diskutiert wird, persönliche oder sachliche Streitpunkte in die Stille mitzunehmen, alles vor Gott zu bedenken und ins Gebet zu nehmen.

Pilgersegen
Gott,
weise uns auf den Weg des Friedens,
lenke unsere Schritte,
öffne unsere Herzen für das,
was uns entgegenkommt.
Schenke uns ein Wort für unser Herz
und für unsere Gemeinschaft.
Amen.

Impuls
Wir hören oft zu wenig aufeinander. Wir meinen schon im Voraus zu wissen, was der oder jene gleich wieder sagt. Dann verschließen sich uns vielleicht innerlich die Ohren und das Herz.

Auch in unserem Gremium haben wir manchmal vorgefertigte Deutungsmuster. Wir meinen immer schon zu wissen, was jemand sagen möchte, dabei könnte es auch ganz anders gemeint sein.

Deshalb üben wir uns zunächst einmal in die Stille ein. Statt zu reden und zuzuhören oder gar abzuschalten, schweigen wir und halten uns offen, hören auf die Geräusche um uns und in uns. Wir versuchen, auf Störgeräusche nicht genervt zu reagieren, sondern wahrzunehmen: Ah, das ist auch da, und das alles höre ich.

Wir deuten nicht, wir hören nur.

▸ Lied: Schweige und höre (freiTÖNE 2)

2. Station

Führt euch einmal die Menschen vor Augen, mit denen ihr in Kirchenvorstandsangelegenheiten gemeinsam auf dem Weg seid. Spürt den Beziehungen nach. Lasst euch Zeit für jede*n Einzelne*n. Lasst verschiedene Bilder zu einer Person wach werden. Welche Gefühle zu einer Person – auch unterschiedliche bis widersprüchliche – steigen in euch auf?

Wir gehen schweigend weiter.

3. Station

Was bewegt mich am meisten, wenn ich an meine (Kirchenvorstands-, Stiftungsrats-, Kuratoriums-, ...)Mitarbeit denke?

An welche
- Sorgen
- Erfolgserlebnisse
- Anerkennung
- Ärger
- Hoffnung
- Gemeinschaftserlebnisse

denke ich?

Wir gehen schweigend weiter.

4. Station

Aus dem, was ihr bisher in euch bewegt habt, sucht euch ein Anliegen für dieses Gremium heraus und bringt es vor Gott.

Wir gehen schweigend weiter.

5. Station

Sucht euch eine*n Gesprächspartner*in. Tauscht euch zu zweit über das Thema aus, das euch besonders bewegt.
Für jede Person und ihr Anliegen sind zehn Minuten Zeit.

Am Schluss einigt euch jeweils auf ein Thema, von dem ihr euch wünscht, dass es im Gremium bearbeitet wird.

6. Station

Wir stellen uns in einen Kreis.
Jedes Zweierteam stellt das Thema vor, auf das es sich geeinigt hat.

► Lied: Wechselnde Pfade (Kommt, atmet auf 28)

Segensbitte
Gott, sende deinen Geist in unsere Beratungen,
dass wir im Hören auf dich nach Lösungen suchen,
*uns gegenseitig achten mit den Gaben, die jede*r einbringt,*
und dass wir Entscheidungen verantwortlich treffen.
Es segne und behüte uns und die uns anvertraut sind
der dreieinige Gott, Vater, Sohn und Heiliger Geist.
Amen.

Mitarbeitende in der Seniorenarbeit

Vorbemerkung
*Senior*innen wünschen sich in/von ihrer Kirchengemeinde:*
- *Gemeinschaft, aber ohne Verpflichtung*
- *Aktivierung – sie wollen nicht nur bespaßt werden*
- *Projekte und Unternehmungen, bei denen sie sich nicht auf Dauer oder für lange Zeit festlegen*
- *altersübergreifende Angebote – sie wollen nicht nur mit »alten Leuten« zusammen sein*
- *Gespräch und Diskussion*
- *biografischen Austausch und Würdigung ihrer Lebensleistung*

- *Wertschätzung*
- *spirituelle Vertiefung*

Diese Anliegen lassen sich gut mit einem Pilgerweg vereinbaren. Es gibt Wegführungen, die barrierefrei und behindertengerecht sind, sowohl drinnen als auch draußen, sogar im Sitzen in Gedanken. Ein Pilgerweg lässt sich in ökumenischer Gemeinschaft, generationenübergreifend, zu allen Themen gestalten. Dabei können die Senior*innen (und das Team) gemeinsam etwas tun und trotzdem bei sich sein, ein Erlebnis verarbeiten, eine Erinnerung genießen oder dem eigenen Glauben nachspüren. Dazu können entsprechende Fragestellungen als Impulse helfen. Die Mitarbeiter*innen in der Seniorenarbeit können sich mit einem Pilgerweg auf ihre Zielgruppe einstellen und zunächst selbst das Pilgern ausprobieren, bevor sie dazu anleiten.

1. Station

Wir gehen in Stille.

Impuls
- Wenn ihr an eure Seniorengruppe denkt, was geht dann in euch vor?
- Welche Gesichter fallen euch ein, welche Räume, Themen, Gerüche?
- Welche Bilder entstehen? Welche Gefühle steigen auf?

Ergänzt für euch den Satz:
»Wenn ich an meine Seniorengruppe denke, ...«

Wir gehen im Schweigen.

2. Station

In der Rede vom Weltgericht im Matthäusevangelium (25,31–44) sagt der König (Christus): »Ich bin hungrig gewesen und ihr habt mir zu essen gegeben.« (Vers 35a)

Überlegt, welche Wohltat, welche Barmherzigkeit die Mitglieder eurer Gruppe sich wünschen oder welche sie vielleicht brauchen.

Ergänzt für euch entsprechend den Satz:

»Ich bin alt gewesen und ihr habt …«

Wir gehen im Schweigen.

3. Station

Wir stellen uns in einem Kreis auf.
- Was habt ihr auf dem Weg gefunden?
- Was wollt ihr teilen?
- Wer mag, sagt es laut. Die anderen antworten für sich in der Stille.

4. Station

Ihr seid gesegnet und sollt ein Segen für eure Seniorengruppe sein.

Wir geben uns gegenseitig den Segen mit Segensbändchen weiter. Ein Korb mit Segensbändchen geht gleich herum. Jede*r nimmt sich eins und behält es zunächst in der Hand. Wenn alle eins haben, drehen sich jeweils zwei einander zu und binden sich nacheinander gegenseitig das Bändchen mit den Worten um: »Gott segne dich und behüte dich.«

Eine*r spricht ein Gebet mit Segensbitte zum Abschluss:
Gott, sende deinen Geist in unsere Arbeit mit Älteren,
dass wir aufeinander hören,
uns gegenseitig achten,
unsere Gaben einbringen können,
verantwortlich Entscheidungen treffen.
Es segne und behüte uns und die uns anvertraut sind
der dreieinige Gott, Vater, Sohn und Heiliger Geist.
Amen.

Abendspaziergang

Wir stellen uns in einer Runde auf.
 Es ist Abend geworden. Die Dunkelheit breitet sich aus. Wenn es dunkel wird und die Augen weniger sehen, werden andere Sinne wacher, besonders das Gehör.
 Wir konzentrieren uns jetzt ganz auf das Hören. Wir nehmen intensiv Geräusche wahr, schöne und hässliche. Wir nehmen nur wahr, ärgern uns nicht über Verkehrslärm, sondern stellen nur fest. Dann hören wir vielleicht auch das Vogelgezwitscher, das Reiben der Jacke des Nachbarn, wenn er seine Arme schwingt, oder seine quietschenden Schuhsohlen.
 Wir singen und gehen danach schweigend weiter. Wir konzentrieren uns auf das, was wir hören. Wir sammeln Geräusche.

▶ Lied: Schweige und höre (freiTÖNE 2)

Wir gehen schweigend und hörend los.

1. Station
Nun denken wir an einen Menschen, der uns nahesteht. Überlegt nicht lange. Wer euch zuerst einfällt, ist der/die Richtige. Bleibt dabei! Wir stellen uns jetzt vor, dass dieser Mensch neben uns geht. Nehmt ihn/sie auf eure rechte Seite. Da geht er/sie neben euch her. Vielleicht sagt dieser Mensch etwas, das er schon oft gesagt hat; und ihr hört jetzt wirklich genau oder nochmal neu hin. Vielleicht hat er aber auch etwas ganz Neues zu sagen.
 Ein Mensch, der euch nahesteht, geht rechts von euch und ihr hört zu, was er euch sagt.

▶ Lied: Schweige und höre (freiTÖNE 2)

Wir gehen schweigend und hörend weiter.

2. Station

Nun stellt euch vor, Jesus geht auf eurer linken Seite neben euch her. Er sagt euch etwas ganz Persönliches – keine Allgemeingültigkeiten. Ihr hört, was er sagt. Vielleicht ist es etwas, was er euch schon immer gesagt hat, vielleicht ist es etwas Neues oder ihr hört es neu.

Jesus geht links neben euch und ihr hört genau hin, was er euch sagt.

► Lied: Schweige und höre (freiTÖNE 2)

Wir gehen schweigend und hörend weiter.

3. Station

Jesus sagt zu euch und zu den Menschen, denen ihr nahesteht oder die mit euch gehen: »Siehe, ich bin bei euch alle Tage bis an der Welt Ende.« (Matthäus 28,20)

Hört diesen Satz ganz genau – als Zuspruch für euch und alle, die euch umgeben, oder jede*r für sich allein: »Siehe, ich bin bei dir alle Tage bis an der Welt Ende.«

Ihr hört, wie Jesus eure Namen nennt, euch persönlich anspricht und euch das sagt. Hört ganz genau hin.

Jesus geht auf eurer linken Seite und sagt: Ich bin bei dir alle Tage bis an der Welt Ende.

► Lied: Schweige und höre (freiTÖNE 2)

Wir gehen schweigend und hörend weiter.

4. Station

Wir stellen uns zum Abschluss in eine Runde. Wer etwas weitergeben möchte von dem, was er gehört hat, kann das jetzt tun.

- Lied: Herr, bleibe bei uns (EG 483)
- Vaterunser
- Lied: Herr, bleibe bei uns (EG 483)

Nach dem Segen gehen wir in Stille auseinander.

- Luthers Abendsegen (z. B. EG NB 852)

Alle gehen in Stille auseinander.

Pilgern mit den Pilgerattributen

Den Heiligen Jakob erkennt man an seinen Attributen. Dabei handelt es sich um die wichtigsten Gegenstände, die eine Person braucht, die lange zu Fuß unterwegs ist, also auch ein*e Pilger*in.

Es sind Kennzeichen der echten Pilger*innen. Allerdings wurden sie häufig missbraucht. Ob jemand ernsthaft pilgert ist äußerlich eben nicht zu erkennen. Die innere Haltung ist entscheidend.

- Lied: Pilger sind wir Menschen
  (Text: Diethard Zils /
  Melodie: Edward Elgar)

Abb. 2: St Jakobus-Statue
(© Mariä Himmelfahrt Wächtersbach)

1. Station | Stab
Der Pilgerstab stützt in unwegsamem Gelände. Damit kann der/die Pilger*in auch den Weg freischlagen und Tiere verjagen.

Impuls
- Was lässt mich im Leben stark sein?
- Worin finde ich Halt?
- Worauf kann ich mich verlassen?
- Was unterstützt mich?

2. Station | Kalebasse
Aus der getrockneten Kürbisschale gefertigt, hängt sie oft am Pilgerstab und enthält den Wasservorrat für unterwegs.

Impuls
- Woraus wird mein Lebensdurst gestillt?
- Wo finde ich Erquickung – im Glauben, im Gebet?

3. Station | Hut
Der Pilgerhut schützt vor Sonne und Regen.

Impuls
Ich bitte um Gottes Schutz. Er behüte mich und er behüte die Menschen, die ich ihm jetzt nenne.

4. Station | Tasche
Die Pilgertasche enthält die Vorräte und die wenigen, allernötigsten Besitztümer der Pilger*innen.

Impuls
- Welche Vorräte habe ich gesammelt?
- Was brauche ich wirklich dringend zum Leben?
- Was möchte ich immer und überall bei mir haben – welche Dinge und welche unsichtbaren Schätze?

5. Station | Muschel

Die Muschel dient als Schöpfgefäß. Sie gilt wegen ihrer Perle schon immer als Symbol für Glück und Heil. Die geöffneten Schalen sind auch ein Symbol für das offene Grab und damit für die Auferstehung. Die Muschel ist das entscheidende Erkennungszeichen der Jakobspilger*innen.

Impuls
Welchen Zielen folge ich – und welches Ziel möchte ich eigentlich verfolgen? Ein Ort, ein Verhalten, eine Erkenntnis, das ewige Leben?

6. Station | Mantel

Der Pilgermantel bietet Schutz vor Wind und Wetter. Er wärmt und ist unterwegs gewissermaßen das Zuhause der Pilger*innen.

Impuls
- In welcher Umgebung fühle ich mich geborgen?
- Kann ich mir Gott als schützenden Mantel vorstellen?

7. Station | Bibel

Wahre Pilger*innen orientieren sich an Gottes Wort. Sie tragen die Bibel, das Evangelium oder zumindest Teile daraus mit sich im Gepäck und im Herzen.

Impuls
- Welche Worte, welche Grundsätze, leiten mich in meinem Leben?
- Worauf will ich hören?

8. Station | Pilgerpass

Der Pilgerpass nennt den Namen der Pilger*innen, er legitimiert sie. Der Pilgerpass berechtigt zur Einkehr in Pilgerherbergen, dokumentiert die Stationen des zurückgelegten Weges, berechtigt zum Erwerb einer Pilgerurkunde, eines Ablasses. Er bestätigt eine neue Existenz auf dem Weg, unabhängig von dem, was die Pilger*innen in ihrem Alltag ausmacht. Insofern eröffnet das Pilgern die Möglichkeit, sich neu zu (er)finden.

Impuls
- Was soll über mich im Pilgerpass stehen? Dieses Kennzeichen von mir ist mir besonders wichtig: …
- Welches Kennzeichen möchte ich dort eintragen, das noch niemand von mir kennt?

9. Station

Es folgt eine Abschlussrunde oder ein Zweiergespräch.

Impuls
Welcher Ausrüstungsgegenstand war für euch am wichtigsten?

► Lied: Vertraut den neuen Wegen (EG 395)

Pilgerweg in der Kirche

Auch in Räumen, Häusern oder in einer Kirche kann ein Pilgerweg angeleitet und gegangen werden. Der folgende Entwurf ist knapp und stichwortartig gehalten. Er kann als Anregung dienen, die eigene Kirche zum Sprechen zu bringen und von ihr her, den Gegebenheiten vor Ort, Impulse zu entwickeln.

Wir bilden hier in der Kirche einen Kreis um das Taufbecken herum.

Begrüßung
Wir begehen diese Kirche und bedenken darin unseren Glaubensweg.

► Lied: Tut mir auf die schöne Pforte (EG 166,1)

Ihr habt jetzt Zeit, durch die Kirche zu gehen. Nehmt sie mit allen Sinnen wahr. Deutet oder rätselt nicht – z. B. ob die Statue an der Säule nicht der Hl. Nikolaus ist usw. Es geht um euch persönlich. Was nehmt ihr wahr?

Ihr könnt umhergehen oder euch einen guten Platz suchen, ihn auch wieder verlassen und einen neuen suchen.

Beim Klangzeichen sammeln wir uns wieder hier.

Klangzeichen (nach etwa 10 Minuten)

► Lied: Tut mir auf die schöne Pforte (EG 166,2)

1. Station
Am Taufbecken.

Was bedeutet es mir, getauft bzw. nicht getauft zu sein?

► Lesung Römer 6,3-4

Es folgt eine fünfminütige Zeit der Stille.

Klangzeichen

► Lied: Tut mir auf die schöne Pforte (EG 166,3)

2. Station
An der Kanzel.

Welche Lehren und welche Lehrer haben meinen Glauben geprägt?

Es folgt eine fünfminütige Zeit der Stille.

Klangzeichen

▸ Lied: Tut mir auf die schöne Pforte (EG 166,4)

3. Station
In der Bankreihe.

Mit welchen Menschen fühle ich mich im Glauben verbunden? Was bedeutet es mir, dass ich zu einer Gemeinde gehöre.

Es folgt eine fünfminütige Zeit der Stille.

Klangzeichen

▸ Lied: Tut mir auf die schöne Pforte (EG 166,5)

4. Station
Am Altar.

Wann wird mein Glaube leiblich? Im Abendmahl?

Es folgt eine fünfminütige Zeit der Stille.

Klangzeichen

▸ Lied: Tut mir auf die schöne Pforte (EG 166,6)

Während der anschließenden Gebetszeit könnt ihr verschiedene Haltungen ausprobieren: sitzen, stehen, knien, gehen oder auch liegen, die Arme oder das Gesicht erheben, andere Gebetshaltungen einnehmen.

Für euer persönliches Gebet habt ihr bis zum Klangzeichen Zeit. Dann sammeln wir uns im Halbkreis um den Altar.

▶ Persönliches Gebet

Klangzeichen

▶ Gemeinsames Vaterunser
▶ Segen
▶ Dona nobis pacem (EG 435)

Impulse aus der Landschaft

Wer allein geht, kann sich ganz offen auf den Weg machen und abwarten, welche Impulse aus der Umgebung auftauchen. Sinne und Gedanken werden dafür offengehalten.

Fällt dem/der Pilger*in etwas auf, geht er/sie der Frage nach, welcher persönliche Impuls darin liegt. Mit etwas Übung kann unterwegs alles zum Impuls werden: das Wetter (Nebel, Regen, Sonne, Wind), die Vegetation (eine Blume, ein Baum, Unkraut), die Wegbeschaffenheit, ein Schild, ein Wort, ein Geruch, ein Gebäude, ein weggeworfener Gegenstand.

Die Frage, die sich daraus für den einen ergibt, klingt für die andere unter Umständen banal. Es macht die persönlichen Fragen anschaulich. Insofern kann dieselbe Wegbesonderheit bei jedem*r Pilger*in ein anderes persönliches Thema berühren und eine andere Frage auslösen.

Ein Bach
- Was will bei mir ins Fließen kommen?
- Ein Graben zwischen mir und einem Menschen, zwischen mir und Gott, ein Sund – das ist ein Graben und das Herkunftswort zu Sünde. Wie kann er überwunden werden?

- Wo strömt für mich die Quelle lebendigen Wassers?
- Was bedeutet mir meine Taufe?
- Welche Erquickung sucht meine Seele?

Ein solcher Pilgerweg kann aber auch für eine Gruppe vorbereitet werden, sodass die Impulse bestimmte Punkte am Weg aufnehmen:
- An einer Mauer: Was schützt mich? Was sperrt mich ein? Wo fahre ich gegen eine Wand? Wo fühle ich mich von Mauern umgeben?
- Wenn eine Kirchenglocke zu hören ist: Zu welchem Gebet ruft sie mich? Ich kann die Namen der Menschen nennen, für die ich Gott um Aufmerksamkeit bitte!
- An einer Schranke: Welches Hindernis stellt sich mir in den Weg? Ist es störend oder sichernd?
- An einer Weggabelung: Vor welcher Entscheidung bzw. vor welchen Alternativen stehe ich? Welche Möglichkeiten werden mir eröffnet? Wie schön ist es, eine Wahl zu haben!
- Nach dem Essen: Was nährt mich? Was gibt mir Kraft? Woher beziehe ich meine Energie?

Die Fragen lassen sich mit Bibelversen oder mit Gebetsrufen verbinden.

Gebet in der Landschaft
Jeden Schritt gehe ich voll Vertrauen,
dass du das Ziel kennst
und den Weg dahin weißt,
du, Gott, mein Begleiter.
Ich staune,
was alles am Weg liegt.
Einiges hebe ich auf
mit den Augen,
mit dem Herzen –
und mein Schritt wird leicht.
Amen.

Stadtpilgern

Es ist eine Herausforderung, in der Stadt zu pilgern, denn dieses Umfeld unterstützt uns nicht beim Stillsein und Schweigen, beim Beten und Meditieren.

Was soll dann – fragen viele – ausgerechnet ein Stadtpilgerweg durch Unruhe und Krach.

Davor können wir natürlich fliehen in die Natur, uns zurückziehen von Menschen und Zivilisation. Wir können für ein paar Tage ins Kloster gehen. Wenn wir aus diesen Ruhezonen zurückkehren, scheint der Alltag oft erst recht laut und unruhig.

Auf einem Stadtpilgerweg begeben wir uns gerade nicht in eine Sonderwelt. Vielmehr suchen wir an den Orten des täglichen Lebens nach Besinnung, probieren neue Verhaltensweisen aus, zum Beispiel langsames Gehen in der unverändert schnellen Alltagswelt. Wer es ausprobiert, wird die Stadt neu wahrnehmen und damit auch sich selbst in ihr. Davon bleibt etwas zurück, auch wenn wir die Wege dann wieder in der alltäglichen Geschäftigkeit gehen. Der Weg sollte deshalb auch bewusst Alltagsplätze miteinander verbinden und nicht nur von Kirche zu Kirche führen.

Der Stadtpilgerweg ist vor der eigenen Tür sofort verfügbar. Trotzdem sind wir dem Alltag für diese Strecke etwas entnommen. Mit neuen Augen durch die altbekannte Stadt zu gehen, können wir Gruppen nahebringen, gerade auch Kindern oder Jugendlichen. Sie sind oft besonders offen für ein solches Experiment.

Das Pilgern wird auch auf die Stadt eine Auswirkung haben. Wenn Menschen schweigend durch sie hindurchgehen – für den Weg gesegnet und betend – kann das ausstrahlen.

Impulse in einer Stadt
- Schaufenster anschauen: Was brauche ich wirklich?
- Um ein Denkmal oder einen Brunnen herumgehen: Die Sache bleibt dieselbe, aber meine Perspektive ändert sich.

- In unterschiedlichen Geschwindigkeiten gehen, sich dem Tempo der anderen einmal anpassen, dann wieder bewusst langsam gehen, schleichen, schlendern.
- Gerüche, Temperaturunterschiede, Lichtquellen wahrnehmen.

Kleine Liturgie für eine Pilger*innensegnung

In Pilgerherbergen oder Kirchen an einem Pilgerweg wird häufig ein Pilgersegen erbeten und den Pilger*innen mit auf den Weg gegeben. Dieser kann in eine Andacht integriert werden, etwa im Rahmen der Abkündigungen oder vor dem allgemeinen Segen und mit diesem verbunden werden.

Es kann aber auch eine eigene, persönliche Segenshandlung für jede*n Pilger*in angeboten werden.

Diesen Liturgievorschlag können auch Ehrenamtliche leicht übernehmen. Segnen darf jede*r Christ*in. Gottes Segen wirkt nicht nur durch die richtigen Gesten und Worte. Aber beides ist wichtig, damit die Segnenden sich sicher fühlen und die Gesegneten das annehmen können.

Vorher kann geklärt werden, ob die Pilger*innen gern im Freien, auf dem Weg, in der Herberge oder in der Kirche gesegnet werden möchten.

Die segnende Person stellt sich vor die Gruppe und hebt die Hände zur Segensgeste. Bei Einzelnen oder dann, wenn jede*r in der Gruppe den Segen einzeln empfangen will, können die Hände auf den Kopf gelegt werden. Die Person, die segnet, kann auch nach dem Vornamen fragen und so den Segen noch persönlicher werden lassen. Eventuell kann auch ein besonderes Anliegen erfragt werden, das für die Pilger*innen mit dem Weg verbunden ist und mit dem Segen verbunden werden soll. Zum Abschluss kann das Kreuz auf die Stirn oder in die Hand gezeichnet werden. Es kann auch eine andere Geste verabredet werden, etwa das Umbinden eines Segensbändchens.

Wer um einen Segen bittet, möchte das in der Regel auch. Zu viel Vorsicht beim Segnen ist daher kontraproduktiv. Wenn beim Segen Tränen fließen, ist das oft eine befreiende Erfahrung. Die

Gesegneten fühlen sich berührt, angenommen, verbunden und begleitet von Gott. Der Pilgersegen sagt Gottes Begleitung und Behütung nicht nur für den aktuellen Weg, sondern für den ganzen Lebensweg zu.

Liturgie

Der/die Pilger*in bzw. die Pilgergruppe stellt sich (im Halbkreis) vor den Altar.

Eine Kerze wird entzündet.

Eröffnung
Im Namen des Vaters und des Sohnes und des Heiligen Geistes. Amen.

► Ein Lied wird gesungen – ein Morgen-, Weg- oder Segenslied:
  - Komm, Herr, segne uns (EG 170)
  - Bewahre uns, Gott (EG 171)
  - Wohl denen, die da wandeln (EG 295)
  - Befiehl du deine Wege (EG 361)
  - Vertraut den neuen Wegen (EG 395)
  - Geh aus, mein Herz (EG 503)
  - Herr, wir bitten komm und segne uns (EG NB 561)
  - Mögen sich die Wege (LebensWeisen 100)
  - Wechselnde Pfade, Schatten und Licht (Kommt, atmet auf 28)
  - Pilger sind wir Menschen

► Luthers Morgensegen wird gemeinsam gesprochen (z. B. EG NB 815).

Segen
Gott, Vater, Sohn und Heiliger Geist, segne dich.
Er stärke dich für den Weg,
der vor dir liegt.
Er bleibe bei dir,
dass du behütet dein Ziel erreichst.

Er schenke dir Erkenntnis
und erneuere deinen Glauben.
Er bewahre dich alle Tage deines Lebens.
Geh in Frieden!
Amen.

An dieser Stelle können den Gesegneten Segensbändchen umgebunden werden.

▸ Lied (s. o.)

Anleitung für Alleinpilgernde (an einem Frühlingstag)

▸ Lied: Wie lieblich ist der Maien (EG 501)

Psalm 104,24.27–31
24 HERR, wie sind deine Werke so groß und viel!
Du hast sie alle weise geordnet,
und die Erde ist voll deiner Güter.
27 Es warten alle auf dich,
dass du ihnen Speise gebest zu seiner Zeit.
28 Wenn du ihnen gibst, so sammeln sie;
wenn du deine Hand auftust,
so werden sie mit Gutem gesättigt.
29 Verbirgst du dein Angesicht, so erschrecken sie;
nimmst du weg ihren Odem,
so vergehen sie und werden wieder Staub.
30 Du sendest aus deinen Odem,
so werden sie geschaffen,
und du machst neu die Gestalt der Erde.
31 Die Herrlichkeit des HERRN bleibe ewiglich,
der HERR freue sich seiner Werke!

Gebet zu Beginn
Jetzt habe ich Zeit,
Gott.
Es kommen Gedanken –
auch an dich.
Du interessierst mich.
Zeig mir etwas von dir.
Bring mich weiter,
dass mein Herz sich weitet,
aufnahmebereit für das Leben,
für dich.
Amen.

Übungen für den Weg

1. Allein im Schweigen gehen.
2. Wahrnehmung schärfen, Sinne weiten
   - sehen – Farben, Formen, Licht
   - hören – Geräusche und Stille
   - fühlen – Nähe, Sonne und Wind, Weg
   - riechen – Boden, Blüten, Menschen und Tiere
   - schmecken – Wasser, Früchte, Kräuter
3. Auf den Atem achten, ihn nicht beeinflussen, und spüren, wie er kommt und geht.
   Im Rhythmus des Atems gehen.
4. Einen Psalmvers aussuchen und für eine bestimmte Wegstrecke nur diese Zeile wiederholen, laut und leise.
5. Den Psalm variieren
   - Bitten in Dank verwandeln und umgekehrt.
   - »Ich« einsetzen, wo »sie« steht.
   - Konkrete Dinge oder Namen einsetzen.
6. Den Psalm und das, was ich mit ihm erlebt habe, kreativ gestalten: etwas dichten, malen, komponieren, ein Naturbild mit Blättern, Holz, Blüten, Steinen legen.
7. Einen Stein oder einen anderen Naturgegenstand in die Hand nehmen, erspüren und die Frage bewegen: Was will ich in die Hand nehmen, ergreifen, anpacken?

8. Austausch mit einer*m Mitpilger*in darüber, was einem begegnet ist, oder Festhalten der Gedanken in einem Pilgertagebuch.
9. Austausch mit Gott im Gebet.
10. Singen (auch für sich allein)
11. Dank- und Segensgebet (auch für sich allein)
    Gott, ich danke dir für …
    Ich bitte dich für …
    Bleibe bei mir
    und bei allen,
    die mit mir auf dem Weg des Lebens gehen.
    Bleibe bei uns mit deinem Segen.
    Amen.

3 Da geht noch was! – Bausteine

3.1 Vorbereitungen für mehrtägige Touren

Organisation

Was muss ich regeln? Was lasse ich auf mich zukommen? Grundsätzlich muss für eine Pilgertour gar nicht so viel organisiert werden, da Pilgerwege ausgeschildert sind und Herbergen meist am Weg liegen. Gerade das Unvorhergesehene, Ungeplante macht ja das Pilgern aus.

Kartenstudium und Lesen von Pilgerführern regen die Fantasie an und erhöhen die Vorfreude. Eventuell sind Anreise und Rücktransport zu planen und, wenn nötig, ein Quartier zu buchen.

Für die Zeit der Abwesenheit muss zu Hause manches geregelt werden. Damit ist Abschiednehmen verbunden. Auch dies ist ein wesentliches Thema beim Pilgern.

Impulse
- Kann ich loslassen?
- Kann meine Umgebung mich loslassen?
- Wie gestalte ich den Abschied?
- Wer darf mich (telefonisch) erreichen?
- Wer hat Recht auf ein gelegentliches Lebenszeichen von mir?
- Wer kümmert sich während meiner Abwesenheit um meine Belange?

Probepilgern

Wer eine längere Pilgerreise plant, sollte einige kleinere Pilgertouren zur Probe machen. Die Schuhe werden eingelaufen, die Passform des gefüllten Rucksacks und sein Gewicht geprüft, die Kondition verbessert, die Motivation geklärt.

Impulse
- Warum will ich überhaupt pilgern?
- Was bewegt mich?
- Welche Gefühle, Hoffnungen und Ziele verbinde ich mit meinem Pilgervorhaben?
- Welche Gedanken, Fragen stehen an?
- Wer geht mit?

Packen

Was brauche ich wirklich? Diese Frage stellt sich vor einer Pilgerwanderung und es ist eine Lebensfrage.

Packlisten, was zweckmäßig mitzunehmen ist und was nicht, finden sich im Internet. Rucksäcke werden trotzdem meist zu voll gepackt. Unterwegs wird das Gewicht dann oft reduziert. Dieser Vorgang hat eine Tiefendimension, die bereits in der Vorbereitung beim Packen mitschwingt.

Impulse
- Was ist für mein Leben überhaupt wichtig?
- Worauf kann ich verzichten?
- Welchen Ballast schleppe ich schon lange mit mir herum?
- Was belastet mich unnötig?
- Worauf will und kann ich zumindest für eine gewisse Zeit verzichten?

Diese Fragen führen bereits im Vorfeld zu Klärungen, Entrümpelungen und Entlastungen – in Bezug auf Besitz, Beziehungen, Gedanken und Aufgaben.

Pilgertagebuch

Ein Pilgertagebuch ist unterwegs in manchen Situationen der wichtigste Gesprächspartner.

Zur Vorbereitung auf eine Pilgerreise kann ein persönliches Tagebuch hergestellt oder gestaltet werden. Damit lässt sich auch die inhaltliche Einstimmung verbinden.

Eine Kladde oder ein Heft wird mit einem besonderen Einband, einem Einlegeband, Lesezeichen oder einer Schlaufe für einen Stift versehen. Für jeden Tag der Reise wird das Datum auf eine Seite geschrieben und entsprechende Leerseiten für jeden Tag gelassen. Für jeden Tag kann ein Bibelspruch dazugeschrieben werden, ebenso eine Frage, mit der man sich beschäftigen möchte, ein Gebet, ein Segensspruch oder ein Lied. Kleine Liturgien für Tagzeitengebete können am Anfang des Buches oder in die Buchklappen notiert werden.

Alles mit der Hand zu schreiben, macht das Tagebuch persönlicher und intensiviert die Vorfreude sowie die Auseinandersetzung mit den Inhalten im Vorfeld. Ich begebe mich dabei gedanklich schon auf den Weg. Möglicherweise klären sich dabei bereits Fragen, die ich dann auf den richtigen Weg nicht mehr mitnehmen muss.

Unterwegs werden mir die niedergeschriebenen Worte wie ein Brief von mir selbst wiederbegegnen. Möglicherweise sind sie nicht mehr aktuell, dann entsteht etwas anderes, Neues. Nach der Reise ist es ein Erinnerungsbuch, das auch weitergeschrieben werden kann.

Rückkehr

Auf die Rückkehr und die Zeit nach dem Pilgern kann ich mich nur schwer vorbereiten, weil völlig offen ist, was unterwegs geschieht. Manche fühlen sich, nachdem sie in der Fremde waren, zu Hause fremd. Dass das passieren kann, kann im Vorfeld bedacht werden. Zumindest für die letzten Tage der Pilgertour kann ich mir vornehmen, dieses Thema zu bewegen.

Impulse
- Wer erwartet mich zu Hause und freut sich auf mich?
- Auf wen und auf was freue ich mich?
- Mit wem werde ich mich über meine Erfahrungen austauschen können?
- Welche Zeiten will ich mir reservieren, um meine Pilgererfahrungen zu pflegen?
- In welcher Form könnte das geschehen?

3.2 Methoden

Um zu zweit zusammenzufinden

Auf vielen Wegen können Pilger*innen nur zu zweit nebeneinandergehen und sich austauschen. Diese beiden können sich ganz zwanglos zusammenfinden. In einer Gruppe, die sich gut kennt, laufen dann sofort diejenigen zusammen, die miteinander vertraut sind. Hier ist der Hinweis hin und wieder hilfreich, dass sich die zusammentun sollen, die sich nicht so gut oder gar nicht kennen.

In einer Gruppe, die sich nicht kennt, löst die Aufforderung, sich zusammenzufinden, oft Befangenheit aus. Auch da sind klare Anweisungen entlastend.

Der Zufall kann entscheiden:
- Ein Bibelvers oder ein Liedvers wird in zwei Teile geteilt. Die beiden Hälften werden je auf eine Karte geschrieben. Jede*r Teilnehmer*in zieht eine Karte. Die beiden, deren Versteile zusammengehören, bilden für den Rest des Weges ein Paar.
- Ein Bild wird zerschnitten. Jede*r zieht einen Bildteil. Die zwei, die sich wie ein Puzzle zusammenfügen lassen, zeigen an, wer zusammengehen soll.

Die Texte oder Bilder auf den Karten führen bereits zum Thema des Tages hin. Sich zu zweit über diesen Text oder dieses Bild auszutauschen, kann als Impuls für den ersten Wegabschnitt dienen.

Singen

Beim Pilgern ist das Hantieren mit Zetteln unpraktisch. Dennoch ist es hilfreich, einen Handzettel mit dem Nötigsten (Bibeltext, Psalm, Lieder, Gebete, Segen, Liturgie, Infos) zusammenzustellen und eventuell zu laminieren. Dieser bleibt ein Andenken an den Pilgertag oder die Tour und kann zum Weiterdenken und Weiterbeten zu Hause oder auf späteren Pilgertouren anregen.

Beim Gehen ist es am einfachsten, Lieder auswendig singen zu können. Liedrufe, Kanons, Taizélieder sind daher besonders zu empfehlen. Diese können meditativ beim Gehen gesungen werden. Viele lassen sich mit dem Pilgerschritt kombinieren.

Das Anstimmen von Liedern ist nicht jedermanns Sache. Blockflöte, Mundharmonika oder Stimmgabel können dabei helfen. Oft sind in Pilgergruppen auch musikalische Teilnehmer*innen, die das Anstimmen übernehmen können.

Körperübungen

»Mit den Füßen beten« nennen manche das Pilgern. Das weist zumindest darauf hin, dass Pilgern eine geistliche Übung sein kann, bei der der Körper eine wichtige Rolle spielt und viel Aufmerksamkeit bekommt, gerade auch häufig vernachlässigte Körperteile wie die Füße.

Barfuß gehen
Das kann neue, für manche ungewohnte Körpererfahrungen eröffnen. Aber Achtung: Verletzungsgefahr!

Atemübungen
Wir stellen uns im Kreis auf.

Die Füße stehen eine Hand breit auseinander. Wer mag, kann die Augen schließen. Wir schauen uns gegenseitig nicht an.

Geht mit der Aufmerksamkeit zu den Fußsohlen, spürt, wie sie Halt auf dem Boden finden, wie die Erde trägt. Die Knie drückt ihr einmal fest durch, dann lasst sie los. Sie bleiben leicht gebeugt. Zieht die Schultern einmal bis zu den Ohren hoch, lasst sie fallen – sie bleiben hängen. Die Zunge löst ihr vom Gaumen. Steht in aufrechter Haltung, der Hinterkopf ist wie an einem Faden leicht nach oben gezogen. Ihr seid nach oben geöffnet und frei, nach unten geerdet.

Der Atem kommt und geht, spürt ihm nach, manipuliert ihn nicht. Spürt nur, wie der Atem fließt.

Beginnt nun in eurer Vorstellung den Atemrhythmus mit dem Ausatmen, Atem gehen lassen, ein kurzer Moment des Innehaltens, Atem einströmen lassen.

Beim Ausatmen lasse ich verbrauchte Luft heraus, beim Einatmen strömt frische Luft in mich ein.

Ihr könnt damit den Gedanken verbinden: Beim Ausatmen lasse ich Verbrauchtes, Ungutes los, gebe es ab. Beim Einatmen strömt neues Leben, neue Kraft in mich ein.

Ich gebe etwas ab an Gott, ich lasse mich mit neuer Lebensenergie von Gott beschenken.

Langsam verabschiedet ihr euch wieder von diesen Gedanken. Öffnet langsam die Augen.

Nehmt den Raum und die Menschen um euch wahr.

Kurze Runde: Wie bin ich jetzt da?

Körperwahrnehmung
Vor dem Losgehen, nach der Mittagspause oder am Ende des Weges lohnt sich eine bewusste Körperwahrnehmung. Ich kann am Abend auch einen Vergleich anstellen, wie sich das Körpergefühl gegenüber morgens und mittags verändert hat.

Wir stellen uns auf natürlichem Untergrund im Kreis auf. Wer mag, kann die Augen schließen.

Wir spüren unsere Füße – dankbar, dass sie uns diesen Tag getragen haben. Schmerzen sie? Haben sich Blasen gebildet?

Wir spüren unsere Knie, unsere Beine, unsere Hüften.

Wir spüren unsere Schultern, die den Rucksack getragen haben. Wir ziehen die Schultern hoch und lassen sie wieder fallen.

Wir spüren unseren Rücken. Wie ist unsere Haltung? Wir ziehen das Kinn ein wenig Richtung Brustbein, richten uns auf und aus nach oben.

Wo spüren wir unseren Pulsschlag?

Wir spüren den Atem kommen und gehen. Wir ändern ihn nicht, nehmen nur wahr, wie er fließt. Wo überall im Körper kann ich ihn wahrnehmen?

Pilgerschritt
Es gibt unterschiedliche Anleitungen zum Gehen im Pilgerschritt: Zwei Schritte nach vorn und einer zurück oder drei Schritte nach vorn und einer zurück. Es hat etwas Tänzerisches, das eingeübt werden muss. Unabhängig davon, wie ich ihn konkret umsetze, gehe ich bewusst und verlangsamt. Das gleichmäßige Schwingen unterstützt die Meditation.

In einer Pilgergruppe entsteht so ein gemeinsamer Rhythmus.

Den Pilgerschritt mit einem Lied zu synchronisieren, empfiehlt sich. Je nach Schrittfolge sollte das Lied einen Drei- oder Vierviertaltakt haben.

Der Vierertakt ist einfacher und ruhiger: Rechts vor, links vor, rechts vor, links rück, wobei der Rückschritt nur eine Gewichtsverlagerung nach hinten oder ein Innehalten ist.

Der Dreiertakt hat den Vorteil, dass nicht immer derselbe Fuß beginnt und derselbe den Rückschritt hat. Er ist eher ein Tanz, ein Walzer.

Beispiele für Lieder im Vierertakt:
- Ausgang und Eingang (EG 175)
- Jubilate Deo (EG 181,7)
- Wohl denen, die da wandeln (EG 295)
- Befiehl du deine Wege (EG 361)
- Geh aus, mein Herz (EG 503)
- Wechselnde Pfade, Schatten und Licht (Kommt, atmet auf 28)

Beispiele für Lieder im Dreiertakt:
- Ich sing dir mein Lied (LebensWeisen 48)
- Lass uns den Weg der Gerechtigkeit gehen (LebensWeisen 91)

3.3 Biblische Wegworte, Gebete und Pilgersegen

▨ Biblische Wegworte zur Meditation ▨
- 2. Mose 13,21
- 2. Mose 33,13
- 5. Mose 2,7
- Richter 18,6
- 2. Samuel 22,33
- Könige 19,7
- Psalm 5,9
- Psalm 16,11
- Psalm 27,11
- Psalm 32,8
- Psalm 42,5
- Psalm 86,11
- Psalm 143,8
- Jesaja 43,19
- Jesaja 48,15
- Jesaja 48,17
- Jesaja 55,12
- Maleachi 3,1
- Sirach 43,27
- Markus 6,7–9
- Lukas 15,18
- Johannes 14,6
- Hebräer 12,12–13

▨ Gebete zum Aufbruch ▨

► In der Stille des neuen Morgens
und in gespannter Erwartung
kommen wir zu dir, Gott.
Mit dir gehen wir in diesen Tag.
Was uns begegnet, soll gesegnet sein.
Stärke unsere Muskeln.
Weite unsere Sinne.
Erleuchte unsere Gedanken.

Unser Schweigen und unseren Austausch
erfülle mit Liebe.
Führe uns zu dem Ziel,
das wir noch nicht kennen,
nach dem wir uns sehnen.
Amen.

▶ Gott,
wir machen uns auf den Weg.
Wir haben alles dabei,
was uns in den letzten Tagen beschäftigt hat,
was uns freut,
was uns belastet.
Wir nehmen uns Zeit für uns,
Zeit für dich.
Erfülle du uns mit deinem Geist.
Lass diesen Pilgertag gesegnet sein.
Amen.

Körpergebet

Ich stelle mich aufrecht hin.
    Die Füße stehen hüftbreit auseinander.

Ich lege meine Hände an meine Beine.
    Gott, ich bitte dich für diesen Tag:
    Gib mir sicheren Grund unter meine Füße
    und lass meine Knöchel nicht wanken.

Ich lege meine Hände auf meinen Rücken –
    und bitte dich, Gott:
    Lass mich aufrecht und aufrichtig sein.

Ich lege meine Hände auf meinen Bauch –
    und bitte dich, Gott:
    Lass mich nach innen spüren, was ist,
    und nach außen meine Wärme ausstrahlen.

Ich lege meine Fäuste auf mein Herz:
  Wenn etwas mich belastet und mir das Herz
  schwer macht, erlöse mich davon.

Ich öffne meine Hände über meinem Herzen
  und bitte dich, Gott:
  Mach mich weichherzig und lass mich wissen,
  wofür mein Herz schlägt.

Ich ziehe meine Schultern hoch
  und lasse sie wieder fallen:
  Was ich nicht verstehe,
  will ich deiner Weisheit anvertrauen.

Ich streiche mit meinem Handrücken über meine Stirn –
  und bitte dich, Gott:
  Wisch die Sorgenfalten fort
  und gib mir die Klarheit in meine Gedanken.

Ich forme meine Hände zu einer Schale:
  Ich bitte dich, Gott:
  Leg diesen Tag als Geschenk in meine Hände
  und richte mich aus auf den Weg
  der Gerechtigkeit und des Friedens.
  Amen.
  (Rambusch-Nowak 2017, S. 15)

Pilgersegen am Anfang

► Gott,
  mit dir machen wir uns auf den Weg.
  Von dir begleitet wollen wir unseren Weg bestehen
  und von dir behütet heimkehren.
  Segne unseren Ausgang und Eingang.
  Amen.

- Auf den Weg des Friedens
  führe uns Gott.
  Sein Engel begleite uns,
  dass wir wohlbehalten heimkehren.
  Amen.

- Gott segne dich
  und du sollst ein Segen sein.
  Amen.

Pilgergebete für unterwegs

- Gott,
  täglich gehe ich viele Wege.
  Es geht nicht immer einfach geradeaus.
  Ich vertraue darauf,
  dass du den richtigen Weg für mich kennst.
  Von dir will ich mich führen lassen.
  Bleibe bei mir und begleite mich.
  Zeige mir den Weg,
  der meiner Leistungsfähigkeit entspricht,
  den ich auch mit meinen Schwächen gehen kann.
  Bring mich zu dem Ziel,
  das meinem Leben Sinn gibt.
  Amen.

- Unterwegs
  mit dir,
  Gott, meine Freude, mein Lied, mein Jubel,
  Gott, meine Klage, mein Seufzen, meine Sorge.
  Du alles in allem,
  nie bin ich ohne dich unterwegs.
  Amen.

- Ich bin auf dem Weg.
  Was mein Ziel ist,
  weiß ich nicht.
  Aber ich glaube,
  dass ich bei dir ankomme,
  großer Gott,
  wohin mein Weg mich auch führt.
  Amen.

- Lass uns Gehende bleiben.
  Wir sind nicht ganz zu Hause auf dieser Welt.
  Wenn wir pilgern, sind wir nicht allein.
  Du gehst mit.
  Du bist dabei.
  Wir sind unterwegs durch Dunkel und Nässe,
  unterwegs durch Nebel und Wolken,
  unterwegs oft ohne Weg,
  unterwegs oft ohne Ziel.
  Wir sind Gehende.
  Wir sind Wanderer durch Raum und Zeit.
  Wir sind noch nicht ganz angekommen.
  So wandere mit uns Gott,
  und lehre uns das Gehen
  und das Suchen
  und das Finden.
  (Sölle 2003, S. 62 f.)

- Unter dem Schatten deiner Flügel
  gehen wir.
  Das Licht deiner Wahrheit
  leuchte uns.
  Im Zelt deines Friedens
  lass uns zur Ruhe kommen.
  Gott,
  du bist in allem,
  was in dir ist.
  Amen.

Gebet am Ende des Pilgertages

- Großer Gott,
  das Licht und die Wärme des Tages schwinden.
  Die Zeit der Stille und Erholung für deine Geschöpfe ist angebrochen.
  Wir sind müde von des Tages Anstrengung.
  Wir sind erfüllt von Eindrücken der Wegstrecke.
  Bevor wir uns schlafen legen,
  halten wir Rückblick vor dir auf den Tag,
  den du uns geschenkt hast.
  Vor Gott bedenken wir – ohne zu werten.
  Wir spüren dem nach:
  Was wir gesehen haben,
  gehört, geschmeckt, gespürt, gerochen.
  Wem wir begegnet sind, welchen Menschen. Gott?
  Was wir erkannt haben.
  Was wir bereuen.
  Wofür wir dankbar sind.

- Himmlischer Vater,
  behüte uns in dieser Nacht.
  Behüte alle, die uns lieb sind.
  Dir legen wir auch die ans Herz,
  die unserem Herzen fern sind.
  Schenke uns allen Ruhe und Erholung,
  dass wir morgen früh fröhlich und erquickt aufwachen
  und unseren Weg fortsetzen können.
  Amen.

Literatur

Literatur zum Thema Pilgern ist leicht und in Fülle zu finden. Angegeben ist Literatur nur, wenn daraus zitiert wird.

Aldebert, U./Blohm, J. u. a. (Hg.): Das Kindergesangbuch; München ^{12}2014
Baumann, F.: Die Macht der Bewegung, München 2009
Binswanger, M.: Die Tretmühlen des Glücks. Wir haben immer mehr und werden nicht glücklicher. Was können wir tun?, Freiburg ^{7}2012
Brodelten, K. (Hg.): Aethertia/Egeria. Reise in Heilige Land, Berlin 2016
Deutscher Evangelischer Kirchentag (Hg.): freiTÖNE, Kassel 2017
Die Akademie Bruderhilfe-Pax-Familienfürsorge (Hg.): Unterwegs für's Seelenheil?! Pilgerreisen gestern und heute. Kurzführer durch die Ausstellung. Eine Sonderausstellung des Verkehrszentrums des Deutschen Museum und der Akademie Bruderhilfe-Pax-Familienfürsorge, München 2010
Dohna, A. zu: Und den Segen gebe ich – Wie lassen sich Ehrenamt und Pilgerkirche strategisch verbinden?, in: Antz, C., Bartsch, S., Hofmeister, G. (Hg.): »Ich bin dann mal auf dem Weg« Spirituelle, kirchliche und touristische Perspektiven des Pilgerns in Deutschland, München 2018, S. 202–213
Donner, H.: Pilgerfahrt ins Heilige Land, Stuttgart ^{3}2011
Enzensberger, H. M.: Kiosk. Neue Gedichte, Frankfurt/M. 1995
Evangelischer Pressedienst: Den Fußspuren Gottes folgen. Beiträge einer Tagung der Evangelischen Akademie Loccum über Pilgern, Gesundheit und Heil, Nr. 46 12 November 2013
Evangelisches Gesangbuch Bayern/Thüringen, München 2009 (EG BT)
Evangelisches Gesangbuch Niedersachsen/Bremen, Hannover 2014 (EG NB)
Evangelisch-lutherische Landeskirche Hannovers u. a. (Hg.): LebensWeisen, Beiheft 05 zum Evangelisches Gesangbuch (Ausgabe Niedersachsen-Bremen), Hannover ^{4}2015
Fechtner, K.: Diskretes Christentum. Religion und Scham, Gütersloh 2015
Foucault, M.: Andere Räume, in: Aisthesis. Wahrnehmung heute oder Perspektiven einer anderen Ästhetik. K. Bark (Hg.) Leipzig 2/1991. S. 34–46
Gamper, M./Reuter, J.: Sinnsuche per pedes. Pilgern als körperliche Herausforderung und spirituelles Erlebnis, in: Sozialwissenschaften und Berufspraxis, 35. Jg. (2012), H. 1, S. 30–47
Gebhardt, W./Engelbrecht, M./Bochinger, C.: »Die Selbstermächtigung des religiösen Subjekts. Der ›spirituelle Wanderer‹ als Idealtypus spätmoderner Religiosität«, in: ZfR 13, 2005, 133–151

Grünwaldt, K.: Pilgern – eine unordentliche Spurensuche, in: ders.: Wo Gott mir nahe kommt, Neukirchen 2014

Harms, S.: Glauben üben, Göttingen 2011

Heimann, A.: Slow Tourism. Warum pilgern nicht peinlich ist 2013. Verfügbar unter http://www.spiegel.de/reise/aktuell/slow-tourism-warum-pilgern-nicht-peinlich-ist-a-935136.html, Zugriff am 18.01.2018

Katholisches Bibelwerk e. V. (Hg.): Aufbruch zu den Göttern. Die Anfänge des Pilgerns in der Antike, in: Welt und Umwelt der Bibel, 3/8, 2014

Karstensen, A.: Der Auferstehungsteppich zu Kloster Lüne. Bildtradition und Singularität, Berlin 2009

Keller, H. L.: Reclams Lexikon der Heiligen und der biblischen Gestalten, Stuttgart [12]2010

Kurrat, C.: Renaissance des Pilgertums. Zur biographischen Bedeutung des Pilgerns auf dem Jakobsweg, Berlin 2015

Kurrat, C.: Biographische Bedeutung und Rituale des Pilgerns, in: Heiser, P./Kurrat, C. (Hg.): Pilgern gestern und heute. Soziologische Beiträge zur religiösen Praxis auf dem Jakobsweg, Berlin 2012, S. 166–179

Landeskirchenrat d. Evang.-Luth. Kirche in Bayern: Kommt, atmet auf. Liederheft für die Gemeinde, Nürnberg 2011

Lienau, D.: Mein Körper vibriert vor Dankbarkeit – Leibliche Erfahrungen beim Pilgern, in: Heiser, P./Kurrat, C. (Hg.): Pilgern gestern und heute. Soziologische Beiträge zur religiösen Praxis auf dem Jakobsweg, Berlin 2012, S. 193–220

Lüddeckens, D./Walthert, R. (Hg.): Fluide Religion, Bielefeld 2010

Luther, M.: Kritische Gesamtausgabe. Schriften. Bd. 1–65. Weimar 1883–1993 (WA)

Luther, M.: Kritische Gesamtausgabe. Die Deutsche Bibel 1522–1546. Bd. 1–12. Weimar 1912–1921 (WA DB)

Rambusch-Nowak, M., in: Bischöfliches Generalvikariat Münster, Evangelische Bildungshaus Rastede (Hg.): Gratis. Der Gnade Gottes begegnen, Münster 2017, S. 17

Rosa, H.: Resonanz, Berlin 2016

Slenczka, N.: »Ein Tag, der sagt's dem andern, mein Leben sei ein Wandern« – Pilgern als Heilsweg, in: Den Fußspuren Gottes folgen, epd Dokumentation Nr. 46, Frankfurt 2013, S. 21–28

Sölle, D.: Lass uns Gehende bleiben, in: Katholische Landvolkbewegung Bayern e. V. (Hg.): Du führst mich hinaus ins Weite. (M)ein Weg durch die Fastenzeit 2003, München 2003, S. 62 f.

Teske, D.: Gregor von Nyssa. Briefe, eingel., übers. u. erl. (Bibliothek der griechischen Literatur 43), Stuttgart 1997